パスカル『パンセ』を楽しむ

名句案内40章

山上浩嗣

講談社学術文庫

はじめに

パスカルの『パンセ』といえば、高校の世界史や倫理の教科書にも登場する作品であり、少なくとも書名は誰でも知っている。「人間は考える葦である」、「心には心なりの理由があり、それは理性には知りえない」をはじめ、いくつかの文章を目にしたことのある人も多いだろう。

しかし、『パンセ』そのものを手に取ったことのある人は、そのうち千人に一人もいるだろうか。ひととおり最後まで読み終えたという人は、さらにその一パーセントにも満たないのではないか。そもそも多くは数行の断章からなり、前後の脈絡がないので、たいてい何を伝えたいのかわからない。「考える葦」や「クレオパトラの鼻」のように明るく洒脱な雰囲気のある句はむしろ珍しく、ほとんどは人間の醜さ、卑小さ、はかなさを告発する文章で、気が滅入ってしまう。『パンセ』の大部分が、キリスト教を弁証し、読者をあわよくば信仰に誘うことを目的とした論考の草稿であることから、聖書からの引用、複雑で神秘的な教義の解説、キリスト賛美の文章も多数にのぼり、その箇所については、よほど熱心な信者でないかぎり共感を抱くことはないだろう。パスカルの奉じていた教義は、同時代においても、その厳格さゆえに、一部の批判の対象となっていたほどなのである。

この『パンセ』を、はたして「楽しむ」ことなど可能なのだろうか。
——それは可能であるばかりか、こんなに楽しい読書はめったにない、というのが、本書で私が伝えたいことである。

そのためにまず、『パンセ』のなかから、私がとくに関心をもつテーマを四〇個選んだ。なかには滑稽なテーマ、風変わりなテーマも含まれる。いずれも本作の魅力を存分に味わわせてくれるテーマだと信じる。次に、それぞれのテーマに関係のある断章をいくつか取り上げ、その内容、表現、背景について、できるだけ簡単な説明を加えた。各章を一話完結の独立した読み物にし、四〜五頁程度で収まるようにした。各章の順序はまったく不同にしたので、どの章から読んでもらってもかまわない。通説ばかりでなく私の個人的な見解も盛りこみ、堅苦しくならないように、ときに雑談もおりまぜた。さらに、パスカルという稀有な天才の人物像を示す小さなエピソードを五つ選び、それぞれ短いコラムにまとめた。なお、冒頭に『パンセ』の成り立ちに関する簡単な説明を置いてある。

ところで、本書の体裁は、私が以前に翻訳した、アントワーヌ・コンパニョン著『寝るまえ5分のモンテーニュ——「エセー」入門』(宮下志朗氏と共訳、白水社、二〇一四年刊)におおむね従っている。モンテーニュ『エセー』のエッセンスを手際よく、ユーモアをまじえて紹介する入門書だ。原書はフランスで二〇万部の大ベストセラーになった。訳書の題名のとおり、それぞれ五分程度で読める短い章を四〇収めている。私はこれを翻訳しながら、この形式は、『エセー』よりずっと短い断章からなる『パンセ』の紹介にこそうってつけだと思いついたのだった。もちろんコンパニョン氏の名人芸の語りには遠く及ばないが、私自身は楽しく筆を進められた。

『パンセ』が多くの現代人にとって取っつきにくい本であるのは事実だ。挑むには多少の勇気と予備知識が必要である。本書がみなさんと『パンセ』との橋渡しになることを願っている。

目次

パスカル『パンセ』を楽しむ

名句案内40章

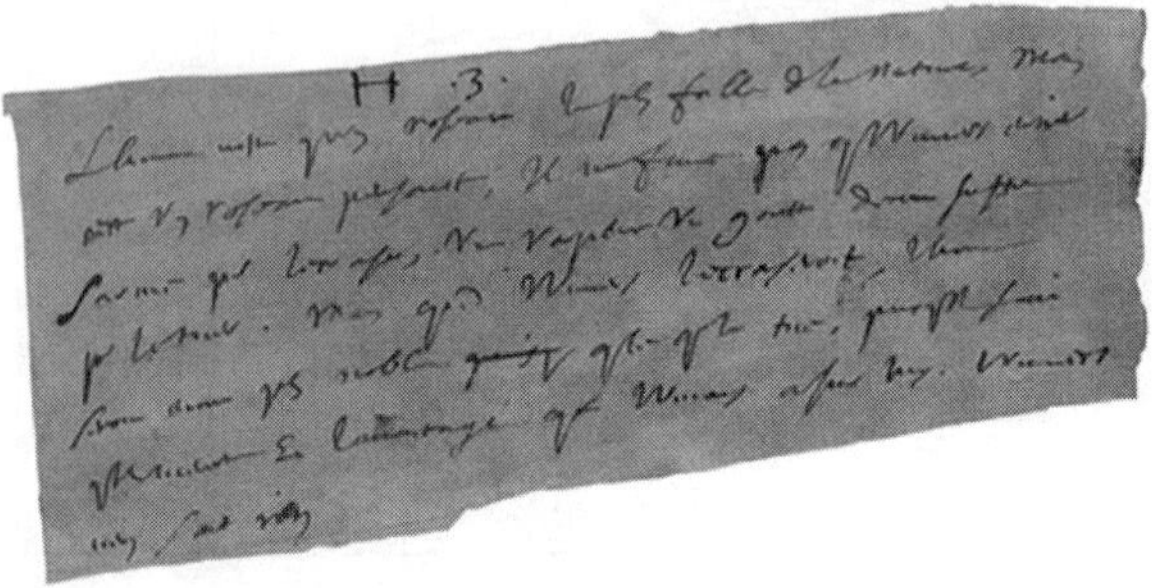

『パンセ』手稿原稿の一部（「人間は一本の葦にすぎない。自然のなかでもっとも弱いものである。だが、それは考える葦である」で始まる断章（S231-L200-B347））

凡例

・引用の訳文は、すべて筆者によるものである。

・引用文中における傍点による強調は、断りのないかぎりすべて筆者による。また、引用文中の〔 〕による補足も、すべて筆者によるものである（〔…〕は中略を意味する）。

・引用の出典は、『パンセ』については本文中で、他の文献については注で示す。

・前後に一行ずつ空けて引用する場合、原文が段落冒頭のとき、引用文の冒頭を一字下げる（例：「17　手足とからだ」最初の引用文）。それ以外は、原文で段落途中からの引用である（例：「1　馬鹿」最初の引用文）。

・引用に際して使用した次の校訂版の略号は以下のとおりである。

FS : Blaise Pascal, *Les Provinciales, Pensées et opuscules divers*, textes édités par Gérard Ferreyrolles et Philippe Sellier, Paris: Librairie Générale Française（« La Pochothèque »), 2004.

MES : Blaise Pascal, *Œuvres complètes*, 4 vol., texte établi, présenté et annoté par Jean Mesnard, Paris: Desclée de Brouwer, 1964-92.

ESS : Michel de Montaigne, *Essais*, 3 vol., édition de Pierre Villey, sous la direction et avec une préface de Verdun-Louis Saulnier, Paris: Presses Universitaires de France (« Quadrige »), 1992.

・パスカル『パンセ』からの引用に際しては、*FS* のテクストに従い、該当箇所の断章番号を記号「S」(Sellier) とともに示す。また、ラフュマ版（一九五一年）による断章番号を記号「L」とともに、ブランシュヴィック版（一八九七年）による断章番号を記号「B」とともに、それぞれ付記する（例：S31-L412-B414）。

なお、塩川徹也訳『パンセ』（全三冊、岩波書店（岩波文庫）、二〇一五―一六年）はパスカルの原稿の写本を底本としているが、断章の配列はラフュマ版と同じである（一部例外あり）。田辺保訳『パンセ』（『パスカル著作集』第六―七巻、教文館、一九八一―八二年）はラフュマ版を底本としている。また、前田陽一・由木康訳『パンセ』（中央公論社（中公文庫）、一九七三年）はブランシュヴィック版を底本としている。

・パスカル『プロヴァンシアル』からの引用に際しては、*FS* のテクストに従い、出典を略号 *Prov.* と *FS* の頁によって示す（例：*5*^{e} *Prov.*, *FS*, p. 345）。また、田辺保訳『プロヴァンシアル』（『パスカル著作集』第三―四巻、教文館、一九八〇年）における該当箇所を付記する（例：『著作集』(3)一〇八頁）。

・パスカルの他の著作からの引用に際しては、*MES* のテクストに従い、出典を巻数と頁数で示す（例：*MES*, IV, pp. 1033-1034）。また、赤木昭三・支倉崇晴・広田昌義・塩川徹也編『メナール版 パスカル全集』（第一―二巻、白水社、一九九三―九四年）または、原亨吉訳『パスカル 数学論文集』（筑摩書房（ちくま学芸文庫）、二〇一四年）における該当箇所を付記する（例：『全集』⑵四六八頁、『数学論文集』二二一頁）。

・モンテーニュ『エセー』からの引用に際しては、*ESS* のテクストに従い、出典を巻数、章数、頁数で示す（例：*ESS*, II, 12, p. 476）。また、原二郎訳『エセー』（全六冊、岩波書店（岩波文庫）、一九六五―六七年）における該当箇所を、章題とともに付記する（例：「レーモン・スボンの弁護」⑶七一頁）。

0　『パンセ』の成り立ち

はじめに、『パンセ』という本の成り立ちについて簡単に見ておこう[1]。

ブレーズ・パスカル（一六二三―六二年）は一般に、『パンセ』の著者としてよりも、数学者、自然学者（物理学者）としてよく知られているかもしれない。実際、彼は円錐曲線に関する重要定理を発見し、史上初の計算機を考案製作し、流体力学の基本法則である「パスカルの原理」を確立し（おかげで彼は大気圧の単位に名を残している）、現代確率論の先駆をなす研究も行った。まれに見る自然科学の大天才である。

だが、そのパスカルは晩年、キリスト教を弁証し、人々を正しい信仰へと誘う著作の執筆に専念した。パスカルの姉ジルベルト・ペリエの証言によると、この『キリスト教護教論』構想のきっかけは、ジルベルトの娘（つまりパスカルの姪）マルグリットの身に起こった奇蹟である。少女は、目鼻口から膿が流れ出すほどのひどい眼疾を患っていたにもかかわらず、ポール＝ロワイヤル修道院でキリストの聖荊《せいけい》にふれたとたんに快癒したのだった（聖荊とは、キリストが身につけていた荊《いばら》の冠の棘《とげ》と信じられていたものである）。この修道院は当時、ジャンセニスムという宗派[2]の牙城として、ローマの教皇庁とイエズス会による迫害の対象となっていた。その修道院に奇蹟が訪れたのである。パスカルと仲間たちは、これを神からの励ましと理解した。この事件はパスカルに「宗教についての新しい光」を与え、「不信仰者たちの主要な、もっとも強力な推論に反論すべく努めようというきわめて強い欲求」を生じさせた[3]。

しかし、その著は未完に終わり、彼の死後、長短さまざまで、内容も形式も一定でない膨大な断章群が残される。それら遺稿の集積こそが、のちに『パンセ』と呼ばれるようになったものである。その大部分が幻の著『キリスト教護教論』(以下では『護教論』と略記することもある)の下書きあるいは準備メモと考えられている(『プロヴァンシアル』や『恩寵文書』など、パスカルのほかの著作の下書きとみなされるものも一部含まれている)。

甥のエティエンヌ・ペリエによると、パスカルの遺稿はいくつもの束やノートに綴じられた状態で見つかった。だが、それらのファイル相互にも、各ファイルに綴じられた断章相互にも、いかなるつながりも認めがたく、おまけにかなりの癖字のため文字は解読困難であった。近親者たちは、ともかく遺稿を発見時の状態のままで筆写させることにした。現在、同じ筆跡の二種類の写本の存在が知られている(「第一写本」、「第二写本」)。また、エティエンヌの弟ルイ・ペリエは後年(一七一一年)、遺稿の原物の散逸を防ぐため、それらを約二五〇枚の大型台紙の表裏両面に順不同で貼り付けた[4](『パンセ』手稿原稿集)。

『パンセ』の初版刊行は一六七〇年である[5]。近親者とポール＝ロワイヤル修道院に連なる友人たちが集い、熱心な議論を経て編集された。結果、読者を刺激しすぎないようにとの配慮から、パスカルの原文に大幅な変更が加えられた。このポール＝ロワイヤル版に続いて、コンドルセ（一七七六年）、フォジェール（一八四四年）、アヴェ（一八五二年）、トゥルヌール（一九三八年ほか）ら多数の編者が『パンセ』の校訂版を刊行した。なかでもブランシュヴィック版（一八九七年）は、断章の主題別配列と優れた注により好評を博した。

しかし、一九四七年、ルイ・ラフュマというパスカル研究者が、右で触れた『パンセ』手稿原稿集をつぶさに検証した結果、ある重要な事実を発見する。二つの写本が、パスカル自身による断章の配列順序を反映している、という事実である。どういうことか。

「第一写本」と「第二写本」は同一人物によって作成されたものとみられるが、相互に若干の違いがある。両者とも六一章からなるが、第二写本のある二章分が第一写本では一章にまとめられているので、実際には第一写本には第二写本の一章分[6]が欠けている。それを別にすれば、両者の内容はまったく同じであるが、章の配列はかなり異なっている（ただし、各章に含まれる断章の内容とその順序は同じである）。ところで、「第一写本」の冒頭二七章のそれぞれにはタイトルが付いている。このタイトル付きの二七章に関しては、「第二写本」でもまったく同じ順序で並んでいる。しかも両写本には、この共通部分の章のタイトルを章の配列順に記した「目次」のようなものが含まれているのだ（図1は「第二写本」におけるこの目次の写真、図2はその翻訳）。ラフュマは、この「目次」が、パスカル自身が考案した『護教論』のある時点におけるシナリオであり、両写本におけるタイトル付きの各章はその章で論じられる予定だった内容に合致する断章を含んでいると推定した。そこで彼は、初めて写本（「第一写本」）に基づいた『パンセ』校訂版を刊行し（一九五一年）、最初の二七章分を「分類済みの紙片」、残りの三四章分を「未分類の紙片」と大別した。

ラフュマの仮説は、現在も大筋において支持されており、とりわけタイトル付きの二七章が『護教論』の構想に密接に関連するという点については、研究者間でほとんど異論がない。ラフュマ以後の『パンセ』編者のほとんどが写本に基づいて校訂作業を行っている。ただし、フィリップ・セリエは、二写本の比較検討ののち、さまざまな状況証拠から、「第二写本」がパスカルの遺稿の順序により忠実であるはずだと結論づけ、こちらを底本として採用している（セリエには一九七六年、一九九一年、二〇一一年ほか多数の版がある）。セリエはまた、「目次」はパスカル自身が作成したものではなく（「目次」は『パンセ』手稿原稿集には含まれていない）、写本作者が遺稿の束の配列を忠実に記録したものにすぎないと推定した上で、『護教論』がこの章立ての順序で書かれることになっていたかどうかは疑わしいと考えている。[7] さらに、この「目次」に即した断章の分類時期についても諸説がある。セリエは一六五八年夏ごろと推定しているが、一六六〇年秋ごろという説も有力である。

このように、パスカル文献学の知見は、まだまだ更新されつづけている。パスカルはどのような書を構想し、執筆は死の時点でどこまで進んでいたのか。残された断章群は、どのような順序で書かれたのか。どのような読者が想定されていたのか。それぞれの断章は、最終的に『護教論』の論述とどのように関連するのか（あるいは関連しないのか）。――このような問題に、現在も多くの研究者が真剣に取り組んでいる。[8]

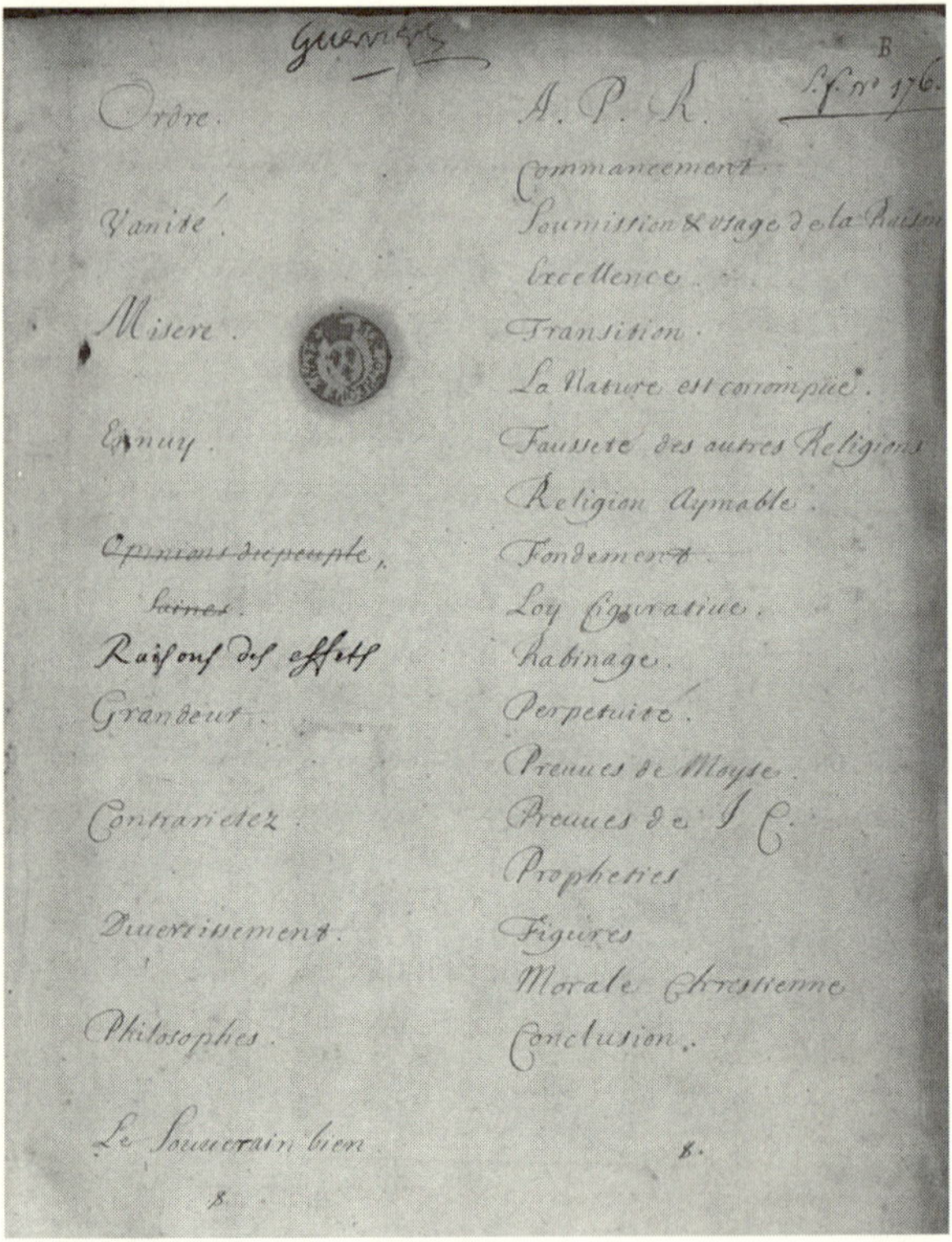

図1　「第二写本」タイトル付きの章の「目次」(S1-L欠-B欠)

[1] 順　序

[2] 空しさ

[3] 悲　惨

[4] 倦　怠

[5] ~~民衆の健全な意見~~
現象の理由

[6] 偉大さ

[7] さまざまな矛盾

[8] 気晴らし

[9] 哲学者

[10] 至高善

[11] A. P. R.
[12] 始まり
[13] 理性の服従と行使
[14] 卓越性
[15] 移　行
[15 bis] 本性の堕落
[16] 他宗教の誤り
[17] 愛すべき宗教
[18] 基　盤
[19] 律法の象徴性
[20] ラビ〔律法博士〕の教え
[21] 永続性
[22] モーセの証拠
[23] イエス・キリストの証拠
[24] 預　言
[25] 象　徴
[26] キリスト教の道徳
[27] 結　論

図2　**図1の翻訳**（「[15 bis] 本性の堕落」に対応する章は写本内に不在）

もっとも、右のような経緯は、研究者ではない読者はあまり意識しすぎる必要はないだろう。「分類済み」の断章のほうが「未分類」の断章より重要というわけではない。後者のなかにも将来は「目次」を構成する章の一部の論述に用いられたかもしれない断章もあるし、「目次」作成後に書き足され、分類を待っていた可能性のある断章もある。そもそも、当たり前の話だが、『護教論』の一部を構成するか否かに関係なく、『パンセ』のすべてが、なんらかのかたちでパスカルの考えを表している。

それに、『パンセ』がこれまで長く読みつがれてきたのは、キリスト教弁証という著者の目的からある程度まで独立に楽しめるからではないだろうか。もしパスカルが生前に『護教論』を完成してしまっていたら、はたしてこれだけ多くの読者を得ることができただろうか。『パンセ』の断章は、前後の文脈が不明であるがゆえに謎めいていて、多様な解釈を誘うことが多い。巧みな表現、簡潔な文体、印象的な修辞法のおかげもあり、多くの文章が容赦なく読者の胸を刺す。あえて言えば、『パンセ』の魅力は、未完成の本の断片集であるという事実に大きく起因していると思われるのである。

では、少しずつその中身を見ていこう。

注

(1) より詳しくは、次を参照。『パンセ』上、塩川徹也訳、岩波書店（岩波文庫）、二〇一五年、「解説一『パンセ』とはいかなる〈書物〉か」四三七―四八一頁。

（2）　実は、ジャンセニスムを「宗派」と形容するのは正確ではない。ジャンセニスム（jansénisme）とは、第一義的には、コルネリウス・ジャンセニウス（一五八五―一六三八年）の思想を基盤とするキリスト教の教義を意味する。「ジャンセニスト」はその教義の支持者を指すが、当初この名称は、この教義に敵対する陣営――イエズス会士を中心とするモリニスト（ルイス・デ・モリナ説の支持者）たち――によってつくりあげられたものだ。とはいえ、彼らは実際は、ひとつの統一的な教義を信奉する均一な集団ではなかった。ジャンセニスムとは、ジャンセニウス説から派生するさまざまな教義とその支持者の思想や活動の集積であり、またおのおのの集団が行う教会改革運動の総体をも指示する。しかも、その多様性は、時とともに拡大していった。次を参照。*Jansénisme et politique*, textes choisis et présentés par René Taveneaux, Paris: Armand Colin (« Collection U »), 1965, pp. 10-11, 18-19. Philippe Sellier, « Qu'est-ce que le jansénisme (1640-1713)? », in *id.*, *Port-Royal et la littérature II: Le siècle de saint Augustin, La Rochefoucauld, Mme de Lafayette, Sacy, Racine*, Paris: Honoré Champion (« Lumière Classique »), 2000, pp. 43-76.

（3）　次を参照。Gilberte Périer, *La Vie de Monsieur Pascal*, *MES*, I, p. 583（ジルベルト・ペリエ『パスカル氏の生涯』、『全集』⑴三五頁）。塩川徹也『パスカル――奇蹟と表徴』岩波書店、一九八五年。

（4）　「第一写本」、「第二写本」と『パンセ』手稿原稿集は、いずれもフランス国立図書館に所蔵されているが、いまや同館の電子図書館サイト（Gallica）にて閲覧可能である（巻末「パスカル入門のための参考文献」II「フランス語の文献」の項を参照）。

（5）　初版の正確な題名は、『パスカル氏の死後、書類のなかから見いだされた、宗教および他の若干の主題に関するパンセ』。

（6）　セリエ版で四断章からなる小さな章。セリエはこの章に、「エズラの作り話に抗して（Contre la fable d'Esdras）」という仮の題名を付している（*FS*, pp. 1030-1034）。

（7） セリエは次のように述べている。「こう考えるのが自然である。すなわち、パスカルの親族や友人は、複数の束が二つのまとまりに分類されていたのを見つけたのであり、彼らはその状態を入念に記録したのだ、と。本断章〔セリエ版断章1（いわゆる「目次」）のこと〕が左右非対称の二列からなるのがその証拠である」（*FS*, p. 831, n. 1）。セリエは、『パンセ』のいくつかの断章をてがかりにパスカルの『キリスト教護教論』の構成を推測し、大胆にも、その順序に基づいて配列した『パンセ』の校訂版も刊行している（Blaise Pascal, *Pensées*, édition établie d'après l'« ordre » pascalien par Philippe Sellier, Paris: Pocket（« Agora »）, 2003）。

（8） この点、二〇一一年にドミニク・デコットとジル・プルーストによって開設された『電子版パスカル「パンセ」』サイト（http://www.penseesdepascal.fr）は画期的な試みである。現在のところ未完であるが、これまでの膨大な研究の重要な知見をすべて集約しようとしている。関連情報間のリンクや検索機能も貴重である。今後このサイトはますます充実していき、パスカル研究に必要不可欠なツールになるだろう。

1　馬　鹿

次は、ミシェル・フーコーが『狂気の歴史』（一九六一年）の序文で引用して注目を浴びた断章である。

人間はあまりにも必然的に馬鹿なので、馬鹿でないことも、馬鹿の別のあり方からすれば馬鹿なのである。（S31-L412-B414）

ここで「馬鹿」と訳した原語《fou》や《folie》を、フーコーは「狂気」という意味に理解し、この一文を、狂人の定義とその処遇が時代によって変化してきたことを指摘する自著の枕にもってきたのだが、パスカルはこの語を、「考えが常軌を逸している」、「判断がまともではない」というような、もっと広い意味で用いているように思われる。それゆえ、「馬鹿」も最適とは言いがたいが、ひとまず短い原語に合わせてこの簡潔な語を当てておこう。

表現は単純で辛辣だが、この文の意図するところは判然としない。「人間は必然的に馬鹿である」と言いながら、「馬鹿でないこと」――馬鹿にならずにいられること――の可能性を示唆し、それでいて最終的には、その「馬鹿でない」ありさまも、見方を変えれば馬鹿にほかならない、と断じる。

パスカルは、「どんなにまともな人でも馬鹿からすると馬鹿に見える」と言いたいのだろうか。それとも、「どんなにまともに見える人でもやはり馬鹿でしかない」と言いたいのだろうか。つまり、パスカルは人間のなかに、「馬鹿でない」あり方、完全に正しい存在を認めているのだろうか、それとも、人間はあまねく馬鹿であると結論づけているのだろうか。

——私は後者だと思う。

人は他人の考えや行動を、陰に陽に批判しながら生きている。自分から見れば、どんなに高い地位にある人も、どんなに愛する恋人でも、どんなに尊敬する先生でも、必ずどこか考えが合わないところがあるものだし、ときにはその言動に失望させられたりもする。また、すごく人気のある芸能人や広い支持を集める政治家が、自分にとっては嫌悪の対象でしかないこともある。そんなとき、人は当の相手とその支持者たちを「馬鹿」とみなし、自分こそがまともだと考えている。

だが、この「自分こそがまともだ」という判断の根拠は何だろうか。おのれの知性か、経験か、自分に同意する人の数の多さか。どれも違うだろう。人はこれらの基準によって比較した場合に、自分を圧倒的に凌駕する相手にもけちをつけるものだからだ。また、当然ながら、その相手から見れば、相手自身が正しいのであって、馬鹿なのはこの私である。自分が誰よりも正しいという判断を正当化する客観的な指標は存在しない。人は相手が馬鹿だから自分が正しいと判断するのではない。自分が正しいと思いこんでいるからこそ相手を馬鹿とみなすのだ。その証拠に、人は誰でも、自分の判断に楯突く相手に、無条件に怒りを向ける。

足の曲がった人を見ても腹が立たないのに、精神の曲がった人を見ると腹が立つのはなぜだろうか。それは、足の曲がった人は、われわれの足がまっすぐであると認めるのに対して、精神の曲がった人は、「そっちこそ精神が曲がっている」と言うからである。そうでなければ、怒りではなく、あわれみをかけてやったのに。（S132-L98-B80）

自分はまともで、相手は馬鹿だと断じさせているのは、結局のところ人間のうぬぼれである。パスカルはうぬぼれの根源を「自己愛」に見て、これを強く批判しているが、この点についてはのちに詳しく見よう（本書「16　自我は憎むべきものである」）。

このように考えると、冒頭の断章は、人間において「馬鹿でない」あり方、すなわち完全に公正で誤りのない判断がありうるということを表明しているのではなく、人間のなかには誰から見てもまともな存在など皆無である以上、自分こそがまともだという判断こそが愚かであるということを伝えていると解釈できるだろう。要するにパスカルは、人間にあまねく見られるうぬぼれを戒《いまし》めているのである。

ところで、この世の誰もが多かれ少なかれ馬鹿であるという指摘は、一見すると極端なニヒリズムの表明にほかならないが、どこか人を癒やすところがあるようにも思われないだろうか。この世に絶対的に公正な判断基準が存在しないとき、私がさまざまな社会的基準に不適格であったとしても、多数者の意見にどうしても合意できなかったとしても、必ずしも私が誤っているわけではないと信じる可能性が残されるからだ。冒頭の断章は、強者の傲慢を挫《くじ》くとともに、弱者を絶望から救う力をもっている。

2　人を愛する

われわれは日常、恋愛であれ友情であれ、他者との愛を求め、育《はぐく》み、生の励みとしている。ところが、パスカルは、そのような人間同士の愛に、根本的な疑念を投げかける。

ある人が、窓辺に腰かけて通行人を眺めている。そこに私が通りかかった場合、彼は私を見るためにそこにいたと言えるだろうか。そうは言えない。彼はとくに私のことを考えているわけではないからだ。では、ある人をその美しさゆえに愛する者は、その人を愛しているのだろうか。そうではない。なぜなら、天然痘は、その人を殺さずに、その美しさを殺してしまうことで、相手がもはやその人を愛さないようにしてしまうからである。

また、もし人が私の判断力や記憶力ゆえに私を愛しているとすれば、その人はこの私を愛しているのだろうか。そうではない。私は、私自身を失わずに、そのような性質を失うことがありうるからである。(S567-L688-B323)

われわれは人を、美貌や知性や優しさなど、その人のもつ「性質」に惹かれて愛する。だがその性質は、その人が生きている間につねに変質し、やがては失われるため、いつかはその人を愛さなくなる。だとすれば、われわれは、愛していると考えている相手そのものを愛しているわけではない。また、そのような愛は、相手の美質が失われるまでの一時的なものでしかない。

彼は、十年前に愛していたあの人を、いまはもう愛していない。無理もない。彼女はもはやかつてと同じではなく、彼もそうなのだ。彼は若かったし、彼女も若かった。いまの彼女はまったくの別人だ。彼女が以前のままであったとしたら、彼はまだ愛していたことだろう。[1]（S552-L673-B123）

こうして、この場合の愛は、窓辺にたたずむ人が、外を通りかかる人に投げかけるまなざし以上のものではない。彼はとくにその人自身を見ているわけではないばかりか、見られている相手はすぐに通り過ぎていく。

しかし、はたして人間同士の愛に、これ以外のあり方が可能だろうか。身体的な美も、精神的な徳も、たえず変化し、衰えていく以上、「私」は私の身体のなかにも、精神のなかにもない。私のなかの不変の部分あるいは、時間を超えて私を私たらしめている同一性を保証する要素は、どこにも見あたらない。

そうである以上、「人は決して相手そのものを愛するのではなく、その性質だけしか愛さない」（S567-L688-B323）。したがって、地上において、真に相手そのものを対象とする愛は存在しえない。

さらにパスカルは、皮肉をこめて言う。

だから、地位や役職ゆえに尊敬される人たちを、軽蔑しないでおこう。人は、誰をもその借りものの性質ゆえにしか愛さないからである。（S567-L688-B323）

美貌や頑強さなどの身体的な徳、あるいは知性や優しさなどの精神的な徳ゆえに相手を愛することと、身分や職業、資産、収入、さらに言えば、身につけているもの、住んでいる家、生まれた土地、父親の役職など、相手自身の性質ではなく、相手に付随する事物やまわりの人々の性質ゆえにその人を愛することとは、結局は同じである。いずれにしても、その人自身を愛することではないからだ。

したがって、私がある人をその容姿ゆえに愛する場合、私はその人ではなく、その人の容姿を愛していることになる。そうであれば、同じような容姿をそなえた人と出会った場合、私はその人をも愛するだろう。愛の対象は偶然によるものにすぎず、またそれは不定である。しかも、私がそのような相手の「性質」を求めるのは、私自身の自己中心的な欲望ゆえである。のちに見るように（本書「15　三つの邪欲」）、パスカルは聖書にならって、「感覚欲」、「知識欲」、「支配欲」を人間の三大邪欲とみなしている。私が相手の美、相手の知性、相手の地位を求めるのは、それぞれ私の感覚欲、知識欲、支配欲を満たすためではないか。

　パスカルはしばしば、愛を「邪欲」と「慈愛」の二種類に分けている。これらはそれぞれ、古代ギリシアの二つの愛である「エロス」と「アガペー」に対応する。簡単に言えば、前者は「自己の益のために人を愛すること」、後者は「相手の益のために人を愛すること」である。このとき、右のように見ると、世俗の愛は、いかなる場合も自己の「邪欲」の発現であり、相手の善や幸福を願う真の「慈愛」とはほど遠い。

　こうして、地上の愛はすべてはかなく、不正である。このような愛を愛と呼べるのか。――パスカルは、そう問いかけているのである。

　恋愛をほとんど神聖なものとみなし、その成就こそが至高の幸福であることを疑わないロマン主義以降の通念と比べても、ソクラテスの口を借りて、「恋」（エロス）を美と知性を求める崇高な本能であるとして、これに身をゆだねることを奨励するプラトンの視点（『饗宴』、『パイドロス』）と比べても、パスカルの冷厳さは際立っている。

注

（1）ちなみに、次のラ・ロシュフコー『箴言集』の一節は、パスカルに対する見事な反論をなしている。「変わらぬ愛とは、自分の心を相手のすべての性質に、あるときはこれ、あるときはそれと、次々に執着させていく、たえざる変化のことである」（La Rochefoucauld, *Réflexions ou Sentences et Maximes morales et Réflexions diverses*, édition établie et présentée par Laurence Plazenet, Paris: Honoré Champion, « Champion Classiques Littératures », 2005, « Réflexions morales », 175, pp. 155-156)。

3　不快を耐えよ

『パンセ』には、あえて衝撃的な表現を用いて読者の常識を揺さぶる断章が含まれている。次もそのひとつである。

尊敬とは「不快を耐えよ（Incommodez-vous）」ということだ。
これは空しいように見えて、実はとても正しい。なぜなら、それはこういう意味だからだ。「あなたが必要とおっしゃるなら、私は喜んで不快を耐えましょう。そもそも、あなたのお役に立つかどうかは別にして、不快を耐えているのですから」と。ましてや、尊敬は貴顕を区別するためにある。もし尊敬が安楽椅子に座ることだとしたら、誰でも人を尊敬するようになり、身分の区別などなくなってしまうだろう。不快を耐えるからこそ、うまく区別が生じるのだ。（S115-L80-B317）

パスカルが生きた一七世紀のフランスは、身分制社会だった。彼の生涯（一六二三―一六二年）は、宰相リシュリューの登場（一六二四年）から、宰相マザランの死後、ルイ一四世が親政を開始する（一六六一年）までの時期にほぼ重なり合う。この時期、絶対王政の進展に従って、王侯の貴族に対する支配と、貴族の平民に対する支配が強化されていった。

右の引用文中の「貴顕」とは、高位高官の総称である。パスカルは、このような身分の上位者に対する「尊敬」を「不快を耐える」ことと定義した上で、その行為を「とても正しい」と肯定している。意表を突く主張である。

まず、なぜ上位者への敬意の表明が不快を忍ぶことになるのか。それは、相手が自分より身分が上なのは、現今の社会制度による取り決めにすぎず、その制度にはなんら必然性がないからである。また、その相手は、知性や人徳といった、統治に関わるいかなる内面の徳をもそなえていない可能性があるだけでなく、尊大で利己的な、軽蔑に値する人物である可能性もあるからだ。そんな相手の機嫌を取るのは、まるで気が進まないことである。

ところがパスカルは、そのような面倒な行動を推奨する。なぜか。それは、その行動によってまさに身分の区別が維持されるから、すなわち、現今の社会秩序が保たれるからである。他人を尊敬することから安楽椅子に座るのと等しい快楽が得られるなら、みなが互いを競って尊敬し合うようになり、そこには平等の社会が生まれるかもしれない。しかし、それは困るとパスカルは言う。平等の社会が悪いからではない。社会体制の変化によって、現在の社会の安定が崩壊する危険性があるからだ。

パスカルは、政治に関しては怜悧な現実主義者である。彼は現世の人間社会において絶対的な正義の実現は不可能だと考えている。いかなる社会制度にも多かれ少なかれ欠陥が含ま

フロンドの乱、バスティーユ付近の攻防（作者不詳、1648年ごろ）

れている以上、改革後によりよい社会が到来するとはかぎらないからだ。であれば、秩序の平穏のために、多少の不都合を我慢するほうが結局は自分のためにもよい。それに、変革の過程で生じる社会混乱は、しばしば同胞間の殺し合いに発展する。パスカルは「フロンドの乱」（一六四八―五三年）というかたちで、それを目の当たりにした。

> 悪のうちで最大のものは内戦である。功績に応じて報いようとすれば、内戦は必至である。誰もが自分には功績があると言うだろうからである。生来の権利によって後継ぎとなるひとりの愚か者がもたらす恐れのある害悪など、それに比べれば大したことはないし、確実なものでもない。（S128-L94-B313）

そういうわけで、相手がいかに愚か者であっても、その人が自分より身分が上であれば、礼儀を尽くさなければならない。もっとも、そこに内面的な敬意をともなう必要はないのであって、ひざまずく、脱帽する、道をゆずるなど、形式的で外面的な礼儀で十分である。内面的な敬意は、あくまでも相手の内面の徳に対して捧げられる。相手への心底からの敬意と、秩序の維持への配慮に由来する敬意とは、必ずしも両立しないのである。パスカルは、友人の貴族の息子に対する講話で、こう言い放っている。

> あなたが公爵だからといって、私はあなたを尊敬する必要はありませんが、あなたに敬礼する必要はあります。もしあなたが公爵で、かつ紳士《オネットム》ならば、この二つの特性の両方にふさわしいものを捧げるでしょう。〔…〕しかし、もしあなたが公爵であって紳士でないとしても、私はあなたに正しく報いるでしょう。身分制度によって生来あなたがお受けになるべき外面的な義務は果たしますが、内心では、あなたの精神の卑しさにふさわしい軽蔑の念を抱きつづけるでしょう。[1]（『大貴族の身分に関する講話』「第二の話」）

パスカルは、このような面従腹背の宣言によって、将来の為政者に、内面の徳の重要性を伝えようとしているのである。

注

（1） *Discours sur la condition des grands*, IIe Discours, *MES*, IV, pp. 1032-1033（『全集』⑵四六八頁）。

4　想像力

現代にあって、「想像力が豊かだ」というのはまぎれもないほめ言葉である。想像力は発想の独自性、芸術的感性と同義で用いられるし、最近では、「彼は人の苦しみに対する想像力がない」という用例に見られるように、弱者への共感や思いやりを意味することもある。パスカルにおいて、事情はまったく異なる。

想像力とは、人間のあの支配的な部分、誤謬と虚偽の女主人である。ところが、いつもそうであるわけではないだけに、いっそう始末に負えない。というのも、もしそれが必ず嘘の判定に役立つなら、真実のまちがいのない基準になるだろうからである。しかし、それはたいていの場合は虚偽でありながら、決して自身のもつ虚偽性の痕跡を与えてくれない。真にも偽にも同じしるしを刻みこむからだ。（S78-L44-B82）

「想像力」とは、もともと対象に対する観念を形成する作用のことであり、人間はこの観念をもとに、その対象についての判断を下す。[1]パスカルはここで、想像力によって形成される観念を「痕跡（marque）」、「しるし（caractère）」と表現し、物質的な刻印のようにとらえている。想像力は、虚偽と真実に「同じしるし」を刻むことで、両者を見分けられなくするという。一六世紀後半にはまだ、妊婦は胎内の子に自分が心に思い描くものの像を刻印する、というように、想像力（imagination）によって表象される像（image）は、想像する主体の外部に出現することがあると信じられていた(2)。パスカルの用語には、このような前時代の想像力観からの影響が認められるだろう。

こうして想像力は人間の認識において絶大な力をもち、理性や感覚による判断を覆《くつがえ》してしまう。偉大な哲学者も、その影響から逃れられない。

十分すぎるほど広い板の上に世界でもっとも偉大な哲学者がいて、その下に崖があったとしよう。彼がいかに理性によって安全を確信していたとしても、想像力が勝ってしまうだろう。多くの人は、そのような状況を思い浮かべただけで、青ざめて冷や汗をかいてしまうだろう。（S78-L44-B82）

想像力がこのように人の判断を左右するのであれば、その効果を利用して人をあざむくこともできる。対象を美しく装飾したり、厳《おごそ》かな権威の衣をまとわせたりして、そのものの価値を実質よりも大きく見せるように演出するのである。

もし彼ら法官たちが真の正義を保持していて、医者が人の病気を真に治療する技法をもっていたとしたら、角帽など必要ないだろう。その場合、これらの学問の威厳は、おのずから十分に敬意を払うに値するだろう。だが、彼らは想像上の学問しかもちあわせていないので、こうした空しい小道具を用いる必要があるのだ。そうした小道具は想像力を働かせる。彼らはまさにこの想像力をこそ必要としているのだ。そしてまた、それによって、実際に彼らは敬意を引きつけている。(S78-L44-B82)

裁判官や医者が身にまとう立派な衣装は、それを目にする者に、彼らがもつ知識や技術が正当で効き目があると想像させ、彼らに対する敬意を抱かせる。この例が示唆するように、視覚の印象は、われわれの想像力による価値判断にとりわけ大きな影響を与える。シキリアのディオドロスによると、古代エジプトの王たちからしてすでに、頭のまわりにライオンや牛や大蛇の首をつけておのれの権威を演出したという。[3] また、ヴェルサイユ宮殿を建造し、みずから太陽神に扮してバレエを踊り、鬘《かつら》やハイヒールを着用したルイ一四世は、想像力の効果を十分に知っていたと言える。このように、民衆の想像力に対する働きかけが大規模に、くり返し行われた場合、民衆の価値判断は一定の方向に導かれる。映像の席巻する現代にあって、権力者がその気になれば、いつでも好みの世論[4](opinion)を形成することができるだろう。

しかし、そもそもパスカルにとって、このような「想像力の絆」こそが、国家の秩序を保証している。彼によれば、国家の起源は物理的な力同士の争いであり、その結果、強者が弱者を支配したという。そのとき支配者は、ひとたび確立したこの体制が再び戦闘によって覆《くつがえ》されるのを避けるために、民衆の想像力に訴えかけて、みずからの権威を錯視させることで現体制を正当化するのである。

ここで想像力が役割を果たしはじめる。これ以前は純粋な力が働いていた。以後、想像力によって、ある党派のうちに力が維持される。フランスでは貴族のうちに、スイスでは平民のうちに、というように。

したがって、尊敬を特定の人々に結びつけている絆は、想像力の絆なのである。

(S668-L828-B304)

パスカルは、この集団幻想を最終的には肯定する。そして、のちに見るように（本書「22 民衆の健全な意見」）、この幻想を暴き立て、王様は裸だと叫ぶ輩《やから》を、秩序の破壊者として告発するのである。

注

（1） 次を参照。Antoine Furetière, *Dictionnaire universel* (1690), 3 vol., Genève: Slatk.ne Reprints, 1970, art. « imagination ».

（2） 塩川徹也『パスカル——奇蹟と表徴』岩波書店、一九八五年、一八—二一頁を参照。
（3）『ディオドロス　神代地誌』飯尾都人訳編、龍渓書舎、一九九九年、八六頁。
（4） そもそも、パスカルにおいて「想像力（imagination）」の語は、「意見」、「臆見」、「世論」を意味する《opinion》の同義語として用いられている。その事情については、次を参照。塩川徹也「想像力と臆見——「想像力」の断章をめぐって」、『パスカル考』岩波書店、二〇〇三年、四一—六二頁。

5　動物たち

デカルトは『方法序説』第五部で、動物と、それとまったく同じ器官をもち同じ姿をした機械とを区別する手段はないと述べ、獣は時計と同じくバネによって自然に動くのだと断じている。デカルトの機械論的宇宙観は、一七世紀半ばにヨーロッパ中で一時大流行した。とりわけ動物機械説は、ポール＝ロワイヤル修道院でも大いにもてはやされた。アントワーヌ・アルノーやピエール・ニコルをはじめ、パスカルが終生深い親交を結んだ学者や聖職者が指導者を務めていた修道院である。

この修道院の秘書であったニコラ・フォンテーヌの証言が生々しい。

自動人形のことを口にしない隠士は、ほとんどいなかった。犬を棒で殴ることなど日常茶飯事であった。みなひどく冷静な様子で犬に打撃を食らわせては、まるで犬たちが痛みを感じているかのように哀れむ連中のことを馬鹿にしていた。隠士たちは、犬は時計であって、殴ったときの鳴き声は、小さなバネのひとつが動いたときに出る音にほかならず、感覚のせいで生ずるのではない、と言うのだった。かわいそうな動物たちは、板の上に載せられて四肢を鋲《びょう》で留められ、生きたまま切り開かれたり、その血液の循環の様子を観察されたりした。当時はまだそれが大きな話題だったのだ。(1)（ニコラ・フォンテーヌ『ポール＝ロワイヤル回想録』）

「自動人形（automate）」とは、バネなどの自動的に動くしくみをそなえた機械のことで、ここではもちろん動物の比喩である。デカルトの主張が誇張して解釈され、もはや動物には感覚がないものとみなされている。修道院付属の学校の子どもたちは、犬が虐待されて出すうめき声を聞いて、これはただの機械だと言い張る教師たちに反発したという。

パスカルも、この騒ぎに無関心ではいられなかった。彼はデカルト哲学に対しては概して否定的な立場を取ったが、動物機械説については一定の理解を示している。次の断章では、狩人としての経験から動物機械説にどうしても同意できずにいたリアンクール公という友人を揶揄している。

リアンクールの川カマスとカエルの話。これらはいつもそんなことをするのであって、ほかのことは何もしない。ほかの精神的なことは何もしない。(S617-L738-B341)

動物に精神の存在を認めるリアンクール公に対して、パスカルは、カマスやカエルは機械と同様にいつも同じ動作しかできないではないか、と反論しているのである。『パンセ』には、「オウムはくちばしを、いくら清潔でもたえず拭いている」(S139-L107-B343) という一文もある。

さらに、次の断章は、動物が獲物のありかを知らせたり、救いを求めたりするために仲間に話しかける状況を、非現実のものとして想定している。

仮にある動物が、狩りの最中に獲物を見つけたとか見失ったとかいうことを仲間に知らせようとして、本能ではなく精神によって行動し、本能ではなく精神によって語っているのだとしよう。すると、その動物は、もっと切実なことがらについても、しっかり話すことだろう。たとえばこんなふうに。「痛いよ、この縄をかみ切ってくれないか。ぼくには手が届かないんだ」。(S137-L105-B342)

パスカルにとって、動物は理性も言語ももたず、本能のみによって生きる存在であった。彼は『キリスト教護教論』構想の七〜九年ほど前に書いた『真空論序言』(一六五一年) においてすでに、人間と動物の根本的な違いを、前者が「理性」をもち、後者が「本能」しかもたないという点に認めていた。ミツバチがみごとな巣を作る技術も、理性による学習の成果ではなく、本能の必要に応えて自然が与えたものにすぎないという(2)。パスカルは人間と動物の差異を強調し、人間が動物より上位の存在であることを示すための論拠を、デカルトの動物機械説に求めたのだと推測される。

ところが、おもしろいことに、パスカルは他方で、このようにせっかく設けた人間と動物の根本的な差異を解消するような論述をも、『護教論』のなかで展開しようとしていた。

その代表的なもののひとつは、原罪による人間の本性の堕落に関する説明である。人間は創造の状態において「神に似、神の性質をわけもつもの」であったが、原罪以後、この状態から堕落して「獣に似たもの」になり、「腐敗と罪の状態」に置かれてしまったという(S164-L131-B434)。いまや人間は、動物と等しい地位にあるというわけだ。

そしてもうひとつは、人間を機械とみなす論述、より正確には、人間がまるで機械のように単純な身体的・精神的反応を示すことを指摘する論述である。人間も機械だというのなら、動物との区別はなくなってしまう。この点については、次の章で見ることにしよう。

注

(1) Nicolas Fontaine, *Mémoires ou histoire des solitaires de Port-Royal* (1736), édition critique par Pascale Thouvenin, Paris: Honoré Champion (« Sources Classiques »), 2001, p. 595.

(2) Fragment de préface pour un *Traité du Vide*, *MES*, II, pp. 781-782（『全集』⑴一七〇―一七一頁）。

6　機械と習慣

パスカルは、動物機械説を支持するような文章を記す一方で、人間のなかにも機械にたとえられるような性向を見いだしている（この場合、人間と動物の区別は曖昧になってしまう）。

勘ちがいしてはならない。われわれは精神と同じくらい自動人形である。だからこそ、納得のための道具は、論証だけにかぎらないのだ。そもそも、論証済みのことがらなど、いかにわずかしかないことか！　証拠は精神しか納得させない。習慣は証拠をもっとも堅固にし、もっとも強く信じさせる。習慣は自動人形を傾け、精神は知らぬまに自動人形に引きずられていく。（S661-L821-B252）

われわれは、いかに緻密に論理を積み重ねた証明によっても必ずしも説得されない。それは、われわれが精神であるとともに自動人形でもあるからだという。論証は精神にしか訴えかけないのであって、あと半分の機械の部分を納得させるためには「習慣（coutume）」に頼るしかない。逆に、習慣によって自動人形を納得させれば、論証など経ずとも、人間は不動の信を得る。

明日がやってくることや、われわれ人間はいずれ死ぬということを、いったい誰が論証しただろうか。だが、これ以上に固く信じられていることがあるだろうか。(S661-L821-B252)

われわれがこれらの命題を疑わないのは、ひとえに習慣のなせるわざである。
また、われわれは、職業選択などの人生の重大事をも、習慣にゆだねている。

習慣が石工、兵士、屋根葺《ふ》き職人をつくる。人は「彼はたいした屋根葺きだ」などと言う。また、兵士について「やつらは頭が変だ(fous)」などと言う。かと思えば、「戦争ほど偉大なものはない。兵士でない男など、げす野郎だ」と言う者もいる。子どものときにある職業がほめられ、他の職業がけなされるのを耳にすることで、人は職を選ぶのだ。(S527-L634-B97)

習慣は、われわれの真偽、善悪、美醜の判断をも左右してしまう。われわれの判断を決定づけているのは、偶然であり、他者である。

パスカルはしかし、人間のこうした機械的性向を嘆くのでも、批判するのでもない。それどころか彼は、これを利用して読者を信仰に誘おうと試みるのである。次は、自著の論述の方針（「順序」）についてのメモである。


順序。

神を探求すべしという手紙のあと、〔その〕障害を取り除くための手紙を書くこと。それはすなわち、機械についての論述、機械を準備し、理性をもって探求することに誘う論述である。（S45-L11-B246）

文中の「手紙」という語は、パスカルが『護教論』の少なくとも一部を書簡形式の対話によって書こうとしていたことを示唆する。彼は仮想的対話者の不信仰者に対して、神の探求を促す手紙に続けて、その障害を取り除く方策を伝える手紙を書くのだという。この「障害」とは、人間のさまざまな情念、すなわち邪欲、とりわけ自己愛のことである。パスカルは、神への愛の最大の障害が自己愛であることをくり返し強調している（本書「16　自我は憎むべきものである」参照）。そして、その情念を棄てさせるための論述が、そのまま「機械」についての論述になるのだという。

　この論述は、いわゆる「賭け」の断章の一節に関係すると推測される。護教論者が、「神あり」への賭け——すなわち信仰——をためらう友人に助言する場面である。

であれば、自分を納得させるために、神の証拠をならべ立てるのではなく、君自身の情欲を減らすように努めることだよ。君は信に向かいたいと願いながら、その方法を知らないのだろう。不信仰という病を癒やしたいと願い、その薬を求めているのだろう。それなら、かつては君と同じく手足を縛られていて、いまはすべてを賭けに差し出している人たちを見習うといい。君がたどるべき道を知っていて、君が治したい病から快復した人たちだ。彼らが手はじめに取った方法をまねるといい。つまり、まるで信じているかのようにふるまうのだ。聖水を授かったり、ミサを唱えてもらったりするのだ。そうすれば、あたかも自然に信じられるようになり、馬鹿になれるだろう。(S680-L418-B233)

「馬鹿になる (abêtir)」という語が象徴的に示すように、パスカルにおいて信仰は、知性や理性(のみ)によって得られるものではない。信仰に至るためにはむしろ、少なくとも一時的に精神の営みを意図的に中断し、自己を他者と偶然とに完全にゆだねなければならない。そしてまた、そのような思考の中断には、他者の動作の模倣というかたちで、身体の動作が大きく関与している。身体は邪欲の源泉でありながら、信仰の枢要な契機をなすのである。

コラム1　パスカルとたばこ

ミシェル・ルゲルンという研究者は、パリのマザリーヌ図書館で、「ブレーズ・パスカル」の名が刻まれた嗅ぎたばこ入れを見つけた。小さな本のような形だったという[1]。同姓同名の人物の所有物である可能性もなくはないが、これが実際にパスカルのものだったら、と想像するのは楽しい。なにしろ、姉のジルベルトの証言によると、晩年のパスカルは、病気がもっとも激しいときにも、「感覚に快いものはすべて絶対にこれを斥けていた」というのだから。料理の味さえ決して感じないように心がけていたそうだ[2]。そんな彼でも、若く健康なときは、ささやかな贅沢を楽しんだのだろうか。

嗅ぎたばこを鼻に入れると、とくに初心者のうちは、くしゃみが出るらしい。ルゲルンは、図書館で嗅ぎたばこ入れを開いたとたんに、くしゃみが止まらなくなった、と書いている。そのとき彼は、『パンセ』の次の文章を思い出した。

> くしゃみは、房事と同様に、魂の全機能を奪ってしまう。だからといって、この両方から、人間の偉大さを否定する同じ結果が導かれるわけではない。くしゃみは意に反して出るものだからだ。わざとくしゃみをするとしても、くしゃみそのもの

は、やはり意に反しているのだ。くしゃみをするのは、くしゃみという目的のためではなく、別の目的のためである。そういうわけで、くしゃみは人間の弱さのしるしでもなく、くしゃみという作用に対する人間の隷従のしるしでもない。(S648-L795-B160)

ルゲルンは、文中の「わざとくしゃみをする」ことが、たばこを嗅ぐことを意味するのではないかと推測している。その場合、この文章は、性行為に魂を奪われてしまうことへの警告というよりは、たばこ嗜好の弁護と解釈できるという。文章が難解であるため、この解釈が妥当かどうかはわからないが、もってまわった表現で、何かをほのめかしている可能性はある。

一五世紀末、コロンブスによるアメリカ大陸発見をきっかけに、たばこがヨーロッパにもたらされた。スペインの医師モナルデスがその薬草としての効能を説き、一六世紀の終わりごろ、ヨーロッパでたばこ栽培が盛んになる。一七世紀前半、フランス王権は、たばこの栽培と販売を独占事業とする。ちょうどパスカルの青年期と重なる。パスカルと同時代の劇作家モリエールは、『ドン・ジュアン』の冒頭で、主人公の従者スガナレルにこんなせりふを語らせている。

アリストテレスが何と言おうと、どんな哲学者が相手でも、たばこにまさるもの

> はない。これは紳士の嗜好品だ。たばこなしで生きる者など、生きている意味がない。たばこは人間の脳を喜ばせ、きれいにしてくれるだけでなく、魂に美徳を教え、紳士《オネットム》のふるまいも教えてくれるのだ。(3)

パスカルは、三〇歳前後の数年間、貴族のロアネーズ公らと親交を深め、サロンでの社交生活に精を出した。そこでたばこの味を覚え、やめられなくなった。右の一節ではその言い訳をしているのではないか。——そう想像すると、パスカルがぐっと身近な存在に感じられる。

注

(1) 次のエッセーを参照。Michel Le Guern, « Pascal et le tabac », in *id.*, *Etudes sur la vie et les Pensées de Pascal*, Paris: Honoré Champion (« Champion Essais »), 2015, pp. 25-28.

(2) Gilberte Périer, *La Vie de Monsieur Pascal*, *MES*, I, pp. 586-588（ジルベルト・ペリエ『パスカル氏の生涯』、『全集』(1)三八―三九頁）。

(3) Molière, *Dom Juan ou le Festin de pierre*, in *id.*, *Œuvres complètes*, tome I, éd. Robert Jouanny, Paris: Bordas (« Classiques Garnier »), 1989, p. 715.

7　三つの秩序

次は、「身体（corps）」、「精神（esprits）」、「慈愛（charité）」という「三つの秩序」について述べられた断章の一部である。

身体から精神への無限の距離は、精神から慈愛への、無限倍にも無限の距離を象徴している。なぜなら、慈愛は超自然であるから。

――

この世の偉大のあらゆる光は、精神の探求にたずさわる人々にはいかなる輝きもない。

――

精神の人々の偉大さは、王や富者や将軍など、すべて肉において偉大な人々には見えない。

――

神の知恵でなければ無に等しい知恵の偉大さは、肉の人々にも精神の人々にも見えな

い。これらは類を異にする三つの秩序である。（S339-L308-B793）

ここで「秩序（ordre）」とは、独自の原理や目的をそなえ、他とは独立した領域、平たく言えば「世界」を意味する。この世には、身体の世界、精神の世界、慈愛の世界という、互いに干渉し合わない三つの世界がある、ということだ。

「慈愛」とは、世俗的な愛とは対極的な、至高の善としての神に向けられる愛のことである（この語は、「知恵（sagesse）」とも言いかえられている）。だから「慈愛の秩序」は、神の探求という唯一の目的によって支えられる世界である。ここには、聖者や天使、とりわけイエス＝キリストが所属する。また、「精神の探求にたずさわる人々」が属する「精神の秩序」という世界は、文字どおり知性や理性という原理によって導かれている。この世界の代表的な住人は、学者や発明家である。パスカルはアルキメデスの名を挙げている。そして、「身体の秩序」の英雄は、王、富者、将軍だとされる。ゆえに、この世界を導く原理は、政治権力、物質的な富、兵力・軍事力という、世俗的な価値全般であることがわかる。

これら三つの秩序は、「慈愛」、「精神」、「身体」の順に上位から下位への階層構造をなすという。つまり「三つの秩序」は、人間が向ける欲望の対象の区別と、それらの間の価値的序列の表明である。なお、「身体」から「精神」への距離は「無限」（∞）であるが、「精神」から「慈愛」への距離は「無限倍にも無限」（∞^2）だという点にも注意しておこう。身体、精神、慈愛の三項において、前二項同士の関係と後二項同士の関係の間には絶対的な断絶がある。第三項の「慈愛」の世界だけが「超自然」の高みにあるのだ。

それぞれの世界を隔てる壁は厚い。世界Aの住人にとっては、世界Aの内部における序列がすべてであり、世界B、世界Cにおいていかに優れた価値を体現する人物も、なんら尊敬に値しない。

上位の世界の人々が、下位の世界のいかなる宝物にも目もくれないのは当然である。自分が求めるものの価値に比べれば、そんなものは無に等しいからだ。

大天才は、自身の領界、輝き、偉大さ、栄光、光をもつので、肉の偉大さなどまったく必要ない。ここではそんなものは何の関係もない。彼らは目ではなく精神によって見られるのであり、それだけで十分なのだ。

聖人は、自身の領界、輝き、栄光、光をもつので、肉の偉大さも精神の偉大さもまったく必要ない。ここではそんなものは何を足すことも引くこともなく、何の関係もない。彼らは神と天使に見られるのであって、身体や、ものを知りたがる精神によって見られるのではない。神がいれば彼らには十分なのだ。(S339-L308-B793)

だが問題は、下位の世界の住人も、上位の世界の価値を認めることができない点だ。人間は、自分の住む世界よりも無限に尊い世界が存在するのに、それを知らないか、知っていて

もいかなる関心も払わない。

しかし、肉の偉大さしか賞賛できない者たちがいる。まるで精神の偉大さなど存在しないかのように。そして、精神の偉大さしか賞賛できない者たちもいる。まるで〔神の〕知恵のなかに、精神よりも無限に気高い偉大さが存在しないとでもいうように。

（S339-L308-B793）

この世において、真に尊い価値は「慈愛」である。学者も富者も政治家も、それを知らずに、おのれの生きる小さな世界での栄華に酔いしれている。いや、それだけではない。人間は、自身の世界の価値を盲信するあまり、自分の理解できない別の世界を軽蔑し、虐げる。その際、もっとも横暴なのは「身体」の世界ではないか。肉的な幸福を期待していた人々は、キリストがもたらす霊的な善の価値を理解できずに、イエスを十字架にかけてしまった（本書「29　ユダヤ人」参照）。現代では、「精神」の世界の原理である学問が、経済という「身体」の世界の原理に支配されている。パスカルは、このような秩序の侵犯を、「圧政」と呼んで厳しく批判している。それを次に見よう。

8 圧政

通常「圧政（tyrannie）」は、絶大な権力をもった君主がおのれの恣意に基づいて行う政治を意味する。ところがパスカルは、この語を次のように定義する。

圧政は、みずからの秩序（ordre）を超えてなんでもかんでも支配しようと望むことにある。（S92-L58-B332）

ここで言う「秩序」とは、前章で見た「三つの秩序」の「秩序」と同じように、人がその性質や好みによって従う原理や目的のこと、または同じ秩序を共有する人々の集合のことである。各人はそれぞれなんらかの「秩序」、自分の置かれた世界のルールに従って生きている。人間が自分の世界に固有の価値観を絶対視し、他の世界の価値観をないがしろにする傾向にあるのは嘆かわしいことだ。だが、それらの異なった世界が相互に独立を保っているのならまだよい。その間、少なくとも平和が維持されるのだから。問題は、人間がおのれの分際をわきまえず、みずからの優位を誇示しようとして、他の世界にも自分の世界のルールを浸透させようとすることだ。パスカルは、この尊大な欲望を「圧政」と呼んでいるのだ。

強い者、美しい者、正しい精神の者、敬虔な者は、それぞれ異なった集団をなし、他ではなく、各自の集団内で君臨しているのだが、それでもときに衝突する。強い者と美しい者が、どちらが他方の君主となるかで争ったりするのだ。愚かなことだ。本来、彼らの支配権の種類は異なるのだから。彼らは理解し合うことはない。彼らの誤りは、どこでもかしこでも君臨しようとすることにある。誰にもそんなことはできないし、力ずくでも無理である。力は知者の王国では何もできない。力は外面的な行動しか支配できない。（S92-L58-B332）

「三つの秩序」の断章では「身体」、「精神」、「慈愛」の間には、それぞれ無限の価値の開きがあり、相互の間に不可侵の序列があったが、右の断章では、パスカルは各集団の間にそのようなアプリオリな階層秩序を認めていないようだ。政界、実業界、芸能界、学界、宗教界のような具体的な人間集団を考えればよい。これらはそれぞれ別個に存在していて、その間には本来序列など存在しないにもかかわらず、人は他の集団よりも自己の集団を優位だと信じ、しかもそのことを他者に認めさせなければ気がすまないのだ。とりわけやっかいなのは、「力」をもつ集団である。他の集団に対していかなる権威ももたないはずなのに、命令し、恫喝し、相手が反発すれば痛めつける。

パスカルは、教義をめぐるイエズス会とジャンセニストの論争において、ジャンセニストの側に立ち、『プロヴァンシアル』という作品を書いた。彼はその「第一二の手紙」の末尾で、中傷や詭弁まで用いて論難してくる相手に対して、静かな怒りの言葉を向ける。

あなたがたは、力があるから罰を受けないと思っているのでしょうが、私は、自分には真理があるから潔白だと信じています。奇妙で長期にわたる戦争です。暴力が真理を抑えつけようとするとは。暴力がいくらがんばっても、真理を弱くすることはできないどころか、逆にもっと真理を奮い立たせます。真理のいかなる光も、暴力を止めるためには何の役にも立たないどころか、逆にもっと暴力を駆り立ててしまいます。力と力が戦うとき、強者が弱者を破ります。言論と言論が対峙するとき、真実で説得力のあるほうが、空虚で虚偽しかないほうを挫《くじ》き、退けます。しかし、暴力と真理は互いをどうすることもできないのです。[1]

パスカルは、こと信仰に関しては、このように相手が力による「圧政」を仕掛けてきた場合に、どこまでも言論をもって対抗するという。言論は暴力を止めることはできないかもしれないが、それが真理であれば、やがては自分たちが正しいことが広く認められると信じているからだ。「暴力が真理を攻撃しても、神は最後には真理の栄光をもたらす[2]」（同）のだ、と。

ところが彼は、共同体の統治という課題を前にしたときには、力の正義に対する「圧政」を容認する。

人は正義を力となすことができないがゆえに、力を正義となした。そうして、正義と力が合わさって、至高善である平和が生じるようにしたのだ。（S116-L81-B299）

正義は各国の習慣や法、すなわち人間同士の約束事にすぎず、時と場所によって変化する不安定なものである。これを人々に遵守させ、平和を実現するためには、力、言いかえれば「剣の権威（droit de l'épée）」（S119-L85-B878）が必要となるのである。

注

（1） *12e Prov.*, *FS*, pp. 479-480（『著作集』⑷五四頁）。

（2） *Ibid.*, p. 479（同頁）。

9 蚊の力

『パンセ』において、人間の心身はなんと脆弱であることか。次の有名な一節では、思考をもつ点に人間の尊厳があることが表明されているが、その身体はいかにも繊細なものとして描かれている。人間はささいな偶発事によっても死に至ることがある。

人間は一本の葦にすぎない。自然のなかでもっとも弱いものである。だが、それは考える葦である。これをおしつぶすのに、宇宙全体が武装するにはおよばない。わずかな蒸気、一滴の水さえあれば殺すことができる。(S231-L200-B347)

そもそも、人間の精神活動は、そのか弱い身体によって支えられている。思考はほんのちょっとした身体の不快によって中断させられる。

蚊の力。蚊は戦いに勝つし、われわれの魂の活動を妨げるし、われわれの身体に食いつく。(S56-L22-B367)

ここで「蚊」と訳した原語 « mouches » は、ハエ、ミツバチ、スズメバチ、虻《あぶ》をも意味する。「戦いに勝つ」という文言は、ある町を攻囲していたポルトガル軍をミツバチの群れが駆逐したという、モンテーニュが記している出来事[1]に由来するとされる。ならば、パスカルが想定していたのはミツバチかもしれないが、実際にわれわれは、一ヵ所を蚊に食われただけで心の平静を奪われる。

次の一節では、精神の集中を妨げる原因として、さまざまな音が挙げられている。

> あの世界最高の裁判官の精神も、さほど不撓不屈《ふとうふくつ》とは言えず、近くで騒音が鳴り響くや、たちまち気をそらされてしまう。彼の思考を邪魔するのに、大砲の音など必要ない。風見鶏のくるくる回る音、滑車のきりきりいう音だけで十分だ。驚くなかれ、いま彼の推論がうまくいかないのは、耳元で一匹の蚊がぶんと音を立てているからなのだ。
> (S81-L48-B366)

大砲、風見鶏、滑車は、でたらめに選ばれたものではないだろう。それぞれ戦争、農耕、学問（自然学）の象徴ではないか。この三語で人間の活動全般を広く覆っているのである。また、再び蚊が登場するが、ここではその羽音に焦点が当てられている。パスカルは幼時から音に敏感だった。姉のジルベルトによると、一一歳にして彼は、ナイフで陶器の皿を叩いたときに生じる音が皿に手を触れるとぴたりと止むことに多大な関心をもち、一篇の論文を書いたという(2)。
次は、前に見た「想像力」の断章の一部である。

猫やネズミを見たり、炭が押しつぶされる音を聞いたりするだけで、理性がふっとんでしまうことを知らない者はいない。声の調子が変わるだけで、どんな賢者でも影響を受けるし、演説や詩の効力を変えてしまう。(S78-L44-B82)

これもパスカルの日常の経験だったのだろう。またもやジルベルトの証言によれば、弟は炭を使って床のタイルに数学の図形を描いていたそうだ(3)。
そして次は、「コラム1」でも取り上げたが、『パンセ』にはきわめて珍しい性行為への言及である。人間は最低限の生理的現象のためにも、精神のあらゆる働きを費やすものだ。

くしゃみは、房事と同様に、魂の全機能を奪ってしまう。(S648-L795-B160)

以上のように、人間の心身の脆弱さについて語るとき、パスカルの文章はきわめて具体的で生き生きしている。飄々《ひょうひょう》としたユーモアも感じさせ、弱く空しい人間のありかたを慈《いつく》しんでいるようにも見える。

だが、このか弱い存在を、パスカルは一方で、利己的な欲望に強くとらわれた罪深い存在として描き出し、口を極めてののしっている。こんな吹けば飛ぶような存在のどこにそれほど邪悪な精神がひそんでいるのか。こんな哀れな存在の悪なら、許してやってもいいのではないかと思うのだが。

おごれる者よ、おのれがいかに矛盾に満ちたものかを知れ。へりくだれ、無力な理性よ。黙れ、愚かな本性よ。人間が人間を無限に超えたものだと知るがよい。そして、自分の知らぬおのれの真の状態を、主から聞かされるがよい。(S164-L131-B434)

注

(1) *ESS*, II, 12, p. 476（「レーモン・スボンの弁護」(3)七一頁)。
(2) Gilberte Périer, *La Vie de Monsieur Pascal*, *MES*, I, p. 573（ジルベルト・ペリエ『パスカル氏の生涯』、『全集』(1)二五頁)。
(3) *Ibid.*, p. 574（同書、二六頁)。

10　理性と直感

先に見たように、パスカルにとって習慣は、理性による判断とは独立に、われわれに確実な信を与えるものであった。彼は『パンセ』のなかで、理性とは別個の確実な認識手段をもうひとつ挙げている。それは、「心の直感（sentiment du cœur）」である。

たとえば、われわれは「いま自分が夢を見ているわけではないこと」を知っている。また、「空間、時間、運動、数」などのいくつかの観念――パスカルはこれを「第一原理」と呼ぶ――については、定義を行わずとも、それが何かということを明白に知っている。このような確実な認識を与えているのは、理性ではなく、直感であるという。

というのも、空間、時間、運動、数が存在するというような第一原理の認識は、われわれの推論によって与えられるいかなる認識よりも確実である。そして理性は、このような心と本能による認識をよりどころにしなければならず、理性によるすべての論述は、そのような基盤の上に構築しなければならないのである。心は、空間には三次元があることや、数は無限であることを感じる。次に理性が、一方が他方の二倍になるような二つの平方数は存在しないということを証明する。第一原理は感じられ、命題は論証されるが、それぞれ異なった方法によるとしても、すべては確実に行われる。だから、理性が心に、「第一原理に合意させたければ、その証拠を差し出してみよ」と求めるのが無益で馬鹿げているのと同様に、心が理性に、「君が証明する命題のすべてを受け入れさせたければ、それを感じさせてみよ」と要求するのも馬鹿げている。（S142-L110-B282）

「心（cœur）」と「理性（raison）」は、それぞれ固有の領域をもっている。言いかえれば、両者は互いに異なる「秩序」を支配している（本書「7　三つの秩序」参照）。双方とも、おのれの秩序の内部で働くかぎり、われわれに正しい認識を確実に与えることができる。また、両者はその機能においても対立している。「理性」が証明するのに対して、「心」――右の一節では「本能（instinct）」とも言いかえられている――は感じる（sentir）という。ゆえに、心による認識は「直感（sentiment）」と呼ばれる。

　ところが、理性はつねに「すべてを判断しようとする」（S142-L110-B282）。「神は存在するか」、「魂は不死か」というような明らかに人知によって判断できない問いを論証によって解決しようとしたり（S690-L449-B556, S222-L190-B543）、「人間」、「時間」といった明白な観念をあえて定義しようとしたりして失敗する。[1] 理性は領域侵犯を試みるのである。おのれの分際を超えて支配の拡大を望むことを、パスカルは「圧政（tyrannie）」と呼んでいた。

理性はまぎれもない圧政者である（本書「8　圧政」参照）。

パスカルは理性による圧政を非難し、「心」による圧政を切望する。「これとは逆に、われわれが理性など決して必要とせず、すべてのことがらを本能と直感によって知ることができればよかったのに」（S142-L110-B282）、それなら、われわれの認識は決して揺らぐこともなかったのに、と。

パスカルにとって、理性が判断を慎《つつし》むべきことがらは、とりわけ神および宗教に関する命題である。これは直感の領分である。神は決して、無力で傲慢な理性によって知られる対象ではない。彼は、神が心に感じられる状態を、「信仰」の定義そのものとみなす。

　神を感じるのは心であって、理性ではない。これこそが信仰である。理性ではなく、心に感じられる神。（S680-L424-B278）

問題は、この状態が人間の努力によって獲得されるものではないということだ。パスカルが考える信仰は、神からの働きかけによってはじめて生じるのである。

そういうわけで、神が心の直感によって宗教を与えた者はまことに幸いであり、まことに正当に説得されている。だが、これをもたない者に対しては、われわれが宗教を推論によって与えることしかできない。そうして、神がそれを彼らに、心の直感を通じて与えるのを待つのである。これがなければ、信仰は人間的なものにとどまり、救いには無益なものでしかない。(S142-L110-B282)

パスカルはここで、信仰を少なくとも二段階にわけて考えている。ひとつは、理性と推論によって宗教の教えを学び、検証する段階である。これは人間自身が主体的にとりくむことのできる活動だが、あくまでも「救いには無益」である。もうひとつは、神が選んだ人間にのみ与えられる宗教的直感である。これを得られた者だけが真に幸いであるが、それは人間から見ると徹底的に受動的な偶発事にすぎない。

だとすれば、『キリスト教護教論』によってパスカルが導くことができるのは、第一段階まででしかない。この段階と次の段階の間にはいかなる連続性もない以上、彼の試みはまったく無意味ではないのか。

そうではないだろう。パスカルは、右で見た主張によって、信仰が人間の理性をはるかに超えたものであるという事実そのものを説こうとしている。おのれの理性の限界を知り、無知の自覚を得た者は、救いへの重要な一歩を踏み出しているのである。

注

(1)　*De l'esprit géométrique*, « Réflexions sur la géométrie en général », *MES*, III, pp. 395-399（『幾何学的精神について』「幾何学一般に関する考察」、『全集』(1)三九九―四〇二頁）を参照。

11　適量の酒

『パンセ』の「空しさ」の章には、身体や精神が極端な状態にあるとき、人間は正しい判断ができないことを示唆する断章がいくつか含まれている。

量の多すぎる酒、少なすぎる酒。酒を少しも飲まさずにおけば、人は真理を見いだすことができまい。多く飲ませすぎても同じことだ。（S72-L38-B71）

酒は適量なら体によいが、飲みすぎると有害であるという警告は、古代の懐疑主義哲学者セクストス・エンペイリコスにも見られる。ここでは同じことが精神について述べられている。あるいは、プリニウス『博物誌』に由来することわざ「酒に真実あり《イン・ウィーノ・ウエリタース》」（「酒を飲むと本音が表れる」の意）がふまえられているのかもしれない。いずれにせよ常識的な見解である。次で述べられているのも、誰もが日常的に経験することだ。

本を読むのが速すぎても遅すぎても、何も理解できない。（S75-L41-B69）

また、こんな断章もある。

齢が若すぎると正しい判断ができない。齢をとりすぎていても同じだ。[1]

思索が十分でなくとも、考えすぎても、頑固になり、その考えに執着する。[2]

――

自分の作品を仕上げた直後にそれを観察した場合は、まだすっかりそれにとらわれたままだが、あまりに時間が経つと、もうそこに入っていけない。[3]

――

絵を見る場合も同じことで、遠すぎてもいけないし、近すぎてもいけない。真に適切な場所は不可分な一点しかない。これ以外の点は、近すぎるか遠すぎるか、または、高すぎるか低すぎるかである。[4]（S55-L21-B381. 番号は引用者）

[1]～[4]の文はともに、正しい判断を行うためには中庸の条件が必要となることを主張している。これらは、偶然に思いつくまま羅列されたものではないだろう。それぞれが別の観点から中庸の重要性に言及しているからだ。前から順に、判断に適した身体的中庸、精神的平穏、時間的条件、空間的条件が挙げられている。

パスカルは、これらの考察によって、ストア派の哲学者たちに倣って、単に中庸や節制のモラルを説こうとしたのだろうか。そうではないだろう。ここではそれよりも、正しい判断に不可欠な中庸の状態に至るのは困難だ、という主張に力点がおかれている。[4]に続けて彼は言う。

絵の技術においては、遠近法によってこの不可分な一点を決めることができる。しかし、真理や道徳においては、何がそれを決めるのだろうか。

パスカルは、人間にとってもっとも大切な課題である「真理」や「道徳」の探求に際し、それにたどり着くためのたったひとつの足場（「不可分な一点」）を定めることの不可能性と、それに対する絶望を強調している。人間はみずからの経験から、正しい判断が、さまざまな中庸の条件によって与えられることを知っている。だが、真の「中庸」は、遠近法の消失点のように機械的に決まるわけではない。それどころか、その一点を見つけだすことは、人間には不可能である。われわれは極端の状態では生きられず、かといって最適の「中庸」を見いだすこともできない。

いずれも「空しさ」の章に位置するこれらの断章は、別の章の、「人間の不均衡」と題された『パンセ』最大の断章における「中間」の主題と関係しているように思われる。なかでも次の一節は、「中間」という位置の悲劇性をきわめて端的に表現している。

われわれは広大な中間の海を航海しながら、つねにあてどなくさまよい、端から端へと押しやられている。どの極点に自分をつなぎ止め、足場を定めたいと思っても、それはぐらりと動揺し、われわれから離れ去る。食い下がったとしても、それは捉えられることはなく、つるりと滑り、永遠に逃亡をくり返す。われわれのためにとどまるものなど何もない。これがわれわれにとって自然な状態なのに、これほどわれわれの願いに反した状態はない。われわれは確固たる基盤と、揺るぎない決定的な砦《とりで》を見つけ、そこに無限にそびえ立つ塔を築きたいと熱望している。けれども、基盤はまるごと音を立てて崩れ去り、地は裂けて深淵へと至るのだ。（S230-L199-B72）

われわれは、「中庸」という理想的地位からはほど遠く、「中間」という広漠たる海をはてしなくさまようべく運命づけられている。この「中間（milieu）」は、やがて人間そのものの隠喩となり、神の「永遠」、「無限」に対置されるのである。

12　二つの無限

「中間」を主題とする、「人間の不均衡」と題された断章では、自然界における「二つの無限」が提示される。パスカルはまず、宇宙という極大の事物の存在へと読者の注意を向かわせる。

人間よ、さあここで、自然全体を、その高貴な威厳にみちた姿のうちに眺めてみよ。おのれをとりまく卑小な事物から視線をひき離し、宇宙を照らし出す永遠の灯火のごとく、しかと据えられた、あのまばゆい光を見よ。この天体の描く広大な円と比べれば、地球などほんの一点にしか見えないだろう。また、この広大な円周ですら、天空をめぐる幾多の星に取り囲まれた軌道に比べれば、針の先ほどの微細な一点にすぎないことに驚かされるだろう。これ以上は視線がとどかぬというのなら、想像力を働かせてみよう。想像力はその先をどんどん描き出し、しまいには疲れてしまうだろうが、それでも自然のなかには、まだまだ大きな世界が実在するのだ。この目に見える世界の全体も、自然の豊かな胸のなかでは、目に見えぬほどか細い一本の線にすぎない。（S230-

L199-B72）

パスカルは、「地球」、「この天体」（太陽）が描く「円」（彼はここで天動説を疑っていない）、「天空」、そして「その先」という、大きさの異なる空間を名指し、そのそれぞれが、次に現れる空間に対して点や線の位置しか占めないことを指摘する。地球は太陽の円軌道に対して一点であり、その軌道は天空に比べると針の先ほどの大きさであり、これらの目に見える世界のすべては「その先」に対して「か細い一本の線」でしかない。点は零次元、線は一次元、円は二次元、空間は三次元である。パスカルの幾何学には次の原則がある。「根は平方に対して、平方は立方に対して、立方は四累乗に対して、計算には入らない。よって、低次の数はいかなる値もないものとして無視することができる」[1]（「巾《べき》数ノ和」）。これは当時の通念でもあった。そもそも彼にとって、次元の異なる事物は互いに比較の俎上に載せることすら不可能なのである（先に見た「三つの秩序」の断章にも同じ発想が認められる）。宇宙は人間より何次元も大きい。

　パスカルは次に、極小の事物へと目を転じる。「一匹の壁蝨《ダニ》」である。その小さな壁蝨ですら、脚をもち、血管をもち、血液をもち、体液をもつ。体液はまた一滴一滴に分解しうるだろう。その一滴も多数の「蒸気（des vapeurs）」からなるに違いない。さらに、その蒸気ですら、より小さな物質の集積だと考えられる。この想像が至り着く最後の粒子が、物質を構成する最小単位として定義される「原子」である。だが、「空間が無限に分割可能であることを信じない幾何学者などいない」[2]（『幾何学的精神について』）と考えるパスカルは、物質の最小単位の存在そのものを認めない。

しかし私は、さらにその内部に、また新たな深淵があることを人間に見せてやりたい。この原子という極小空間の内側に、目に見える世界だけでなく、自然のなかで考えつくかぎりの巨大な世界を描き出してみたい。そこにも無限個の宇宙があり、そのひとつひとつが天空、あまたの惑星、地球を、この目に見える世界と同じ比率で保持しているさまが見えるだろう。そして、その地球には動物がいて、ついには壁蝨がいる。その壁蝨の一匹一匹にはまた、さきほどの壁蝨が示したのと同じものが見つかるだろう。そうして、その次の壁蝨たちのなかにもはてしなく、休みなく同じものを見つけ出していくと、人間は、この驚異にすっかりわれを忘れてしまうことだろう。もうひとつの驚異がその大きさにおいて途方もないものだったのと同じように、こちらはその小ささにおいて途方もないものだ。（S230-L199-B72）

パスカルが「原子」のなかに認めるのは、さきほど見た無限大の宇宙である。極小のように思えた空間が、われわれにとっての「天空」や「その先」を「同じ比率」で包摂しているのである。

ところで、この二つの無限は、手塚治虫の『火の鳥』「未来編」で、不死の生命を与えられた主人公の山之辺マサトが火の鳥に導かれて目にする極大と極小の両世界に酷似している。マサトは、素粒子のなかで生き物らしきものに出会い、その細胞のなかに侵入して惑星のような球体が無数に浮かんでいるのを見せられたかと思うと、即座に太陽系の外に連れ出され、銀河を眺め、さらには無数の銀河の群を見下ろすのである。[3] 最新の物理学によると、現在10^{27}メートルの大きさをもつ宇宙はすさまじい速さで膨張していて、また、素粒子は10^{-35}メートルの大きさだという。パスカルや手塚の想像はきわめて的を射ているということだ。

さて、このような大小二つの「無限」の連鎖としての「自然」のなかで、人間とは何か。いずれの無限の果ても見ることができない人間は、自分が自然のなかで占める位置も知ることができない。

> 結局、自然のなかで、人間とは何者なのだろうか。無限に比べれば無、無に比べれば全体、無と全体の中間であり、両極端を理解することから無限に隔てられている。ものごとの終わりと始まりとは、底知れぬ神秘のなかに隠されていて、人間にはどうしても見通すことができない。(S230-L199-B72)

ここで「中間(milieu)」という語は、人間そのものの別名である。中間者たる人間は、二つの無限の存在を前にして、実存的不安に慄《おのの》くのである。

注

（1） *Potestatum numericarum summa*, *MES*, II, traduction du latin par Jean Mesnard, pp. 1271-1272（「巾数ノ和」、『数学論文集』二二二頁）。

（2） *De l'esprit géométrique*, « Réflexions sur la géométrie en général », *MES*, III, p. 404（『幾何学的精神について』「幾何学一般に関する考察」、『全集』(1)四〇六頁）を参照。

（3） 手塚治虫『火の鳥』２「未来編」角川書店（角川文庫）、一九九二年、一四五―一五一頁参照。この一致について、大阪大学大学院文学研究科の同僚、橋本順光さん（比較文学）が指摘してくださった。記して感謝申し上げる。

13　幾何学の精神と繊細の精神

パスカルは、よく知られた断章で、精神を典型的な二つの型に分類し、その違いについて述べている。

幾何学の精神と繊細の精神の違い。

前者においては、原理は手でさわれるように明らかであるが、通常の使用からは離れている。だから、そこには顔を向けにくい。慣れていないからである。しかし、少しでもそこに顔を向ければ、原理はくまなく見える。また、その原理は見逃しようもないほど粗いので、よほどゆがんだ精神でもないかぎり、それに基づいた推論を誤ることはない。

一方、繊細の精神においては、原理はふだんから使用されており、みなの目の前にある。顔を向けるまでもないし、無理をする必要もない。問題はよい目をもつことだけである。ただし、本当によい目をもつ必要がある。というのも、こちらの原理はひどく微妙で数も多いので、どれも見逃さずにおくのはまず不可能だからだ。原理をひとつでも見落とせば、誤りに導かれる。よって、あらゆる原理を見つめるために、よく澄んだ目をもたねばならないし、さらに、よく知られた原理に基づいて推論を誤らないために、正しい精神をもたねばならない。(S670-L512-B1)

幾何学の精神と繊細の精神の違いは、まずはそれぞれの判断の出発点となる「原理」の違いによって説明される。前者の原理は「手でさわれるように明らかであるが、通常の使用からは離れている」のに対して、後者のそれは「ふだんから使用されており」、「目の前にある」が、「ひどく微妙で数も多い」。幾何学の原理は、そこに目を向けさえすれば、あとの推論が容易であるのに対して、繊細さの原理には、わざわざ注意を向ける必要はないが、それらをひとつも見落とさないために「よい目をもつ必要がある」。

二つの精神の差異は、判断に至る手続きにも見いだされる。幾何学の精神は、「推論(raisonnement)」によって特徴づけられる。すなわち、「定義から、ついで原理から始める」こと、あるいは「順序に基づいて論証する」ことである。これに対して、繊細の精神は、原理を「見るというよりは、むしろ感じる」ことによって、「一挙に」、「一目で」判断する(S670-L512-B1)。

本書の「10　理性と直感」では、別の断章(S142-L110-B282)をもとに、「理性」が推論に基づいて証明するのに対して、「心」が論証不可能な原理の確実さを直感することを見た。幾何学の精神が理性に、繊細の精神が心の直感に、それぞれ対応していることは明らかである。

二つの精神のうち、繊細の精神は、少数の人にのみ属する、おそらく生得的な才能である。幾何学の精神は、繊細の精神に比べれば多くの人のなかに認められるばかりでなく、これに恵まれない人でも、訓練次第で習得できる可能性がある。もっとも、両者に価値の上で優劣があるわけではない。いずれも固有の重要なはたらきを担っているからだ。「幾何学者が繊細であることも、繊細な人々が幾何学者であることもまれである」ことからして、二つの精神は両立が困難である。また、一方から他方への移行も容易ではない。「繊細なことがら」を自分で感じない人々に感じさせるには、「かぎりない苦労が必要」なのだし、繊細な人々は、幾何学者の「命題」、「定義」、「原理」を目にすると、「おじけづき、嫌悪感を抱く」(S670-L512-B1)。つまり、幾何学の精神と繊細の精神、推論と直感は、異なった「秩序」に属するのであり、両者とも相手の領域を侵すことはできないということである。

かつてパスカル研究者の前田陽一は、幾何学の精神と繊細の精神をそれぞれ、「理科的才能」、「文科的才能」と呼んだ。言い得て妙である。実際にはどんな分野の研究にも論理的な思考力と発想の繊細さの両方が必要だろうから、このような区別は正確ではないと思われるが、幾何学の精神が数学者や物理学者の典型的な資質であり、繊細の精神が文学や芸術の理解において不可欠な才能であることに異論はないだろう。数学者にしてピアニスト、詩人にして物理学者という人がまれにいるが、多くの場合、歴史や美術に関心がある人は理科や数学が苦手であり、逆もまたしかりである。

若くして数学と自然学に関わる数々の重要な発明・発見をなしとげたパスカルは、きわめて優れた幾何学の精神の持ち主であった。むろん本人にもその自覚はあっただろう。だが、あるとき彼は、数学者のピエール・ド・フェルマーにこんな手紙を書き送る。

幾何学について率直に申しますと、私はこれを精神の最高の訓練と考えておりますが、また同時に、それがひどく無益なものだということを承知しておりますので、単なる幾何学者にすぎない人と、器用な職人との間に、ほとんど違いが認められないのです[1]。

パスカルは、いまや繊細の精神の重要性を認識し、みずからそれを発揮するよう努めている。なぜか。それは、『キリスト教護教論』をなすのに必要な資質が、まさにそれだったからだ。次の断章はそのことを告げている。

幾何学／繊細さ。

真の雄弁は雄弁を馬鹿にする。真の道徳は道徳を馬鹿にする。つまり、規則などない判断の道徳は、精神の道徳を馬鹿にする。

というのも、学問が精神に属しているように、直感は判断に属しているからである。繊細さは判断の、幾何学は精神の、それぞれ所有物である。

哲学を馬鹿にすることこそ、真に哲学することである。（S671-L513-B4）

ここで、「精神」や「学問」は「幾何学」の、「判断」や「直感」は「繊細さ」の、それぞれ類義語として用いられている。「真の道徳」、「真の雄弁」――パスカルにとっては、キリスト教の道徳とそれを説く語りを意味する――は、幾何学の論証のような明示的な規則によって実現されるのではない。それはその対極にある繊細さの領分なのである。結果、『パンセ』を残した彼は、「繊細さ」の才能を十分すぎるほど見せつけている。

注

（1） Lettre de Pascal à Fermat, le 10 août 1660, *MES*, IV, p. 923（「パスカルからフェルマへ」一六六〇年八月一〇日、『全集』(2)四一二頁）。

コラム2　パスカルと音楽

「感覚欲」を三つの邪欲のひとつに数えるパスカルが（本書「15　三つの邪欲」参照）、絵画を空しいと断じるのは、是非はともあれ、筋は通っている。

> 絵とはなんと空しいものか。原物はほめられないのに、それに似ているという理由でほめられるとは[1]！（S74-L40-B134）

では、音楽はどうだろうか。『パンセ』には、音楽に関する表現やたとえがいくつか登場する。「リュートを弾く」（S130-L96-B329, S513-L620-B146）、「歌曲の拍子にステップを合わせる」（S169-L137-B142）、「多すぎる和音は音楽を台なしにする」（S230-L199-B72）などがそれである。こんな奇抜な記述もある。

> 誰しも、人に接するとき、ふつうのオルガンを触っていると思いこんでいる。だが、それはオルガンはオルガンでも、奇妙で、移ろいやすく、変化しやすいオルガンだ。（S88-L55-B111）

研究者のジャン・メナールによれば、パスカルの父エティエンヌは音楽愛好家で、優れた作曲家として知られていたと記す同時代の資料が存在するという（残念ながら、彼の作った曲はまったく伝わっていない）。パスカルの幼年期である一七世紀前半、音楽は哲学者と数学者が好む主題だった。ガリレオの父は音楽家だったし、デカルトの最初期の著作に『音楽提要』（執筆一六一八年）がある。なかでも、「音響学の父」とも呼ばれたメルセンヌにあっては、音楽がその著作と思想の中心にあった。エティエンヌ・パスカルは、そのメルセンヌが創設した学術サークル（一六三五年）の中心的なメンバーだった[2]。

カラヴァッジョ《リュート弾き》（1600年、エルミタージュ美術館）

先にも述べたが（本書「9　蚊の力」）、伝説によれば、パスカルは幼年時代、皿をナイフで叩いて手を触れると音が止む現象に興味をもち、一一歳にして『音響論』を書いたという。これが事実だとすれば、明らかに父親とその友人たちからの影響を受けている。

メナールは、パスカルの音楽的センスを示す文章として、『プロヴァンシアル』「第五の手紙」の、人名が四〇以上も羅列される箇所を挙げている。

C'est Villalobos, Coninck, Llamas, Achokier, Dealkozer, Dellacrux, Veracruz, Ugolin, Tambourin, Fernandez, Martinez, Suarez, Henriquez, Vasquez, Lopez, Gomez, Sanchez, de Vechis, de Grassis, de Grassalis, de Pitigianis, de Graphæis, Squilanti, Bizozeri, Barcola, de Bobadilla, Simancha, Perez de Lara, Aldretta, Lorca, de Scarcia, Quaranta, Scophra, Pedrezza, Cabrezza, Bisbe, Dias, de Clavasio, Villagut, Adam à Manden, Iribarne, Binsfeld, Volfangi à Vorberg, Vosthery, Strevesdorf.(3)

だが、ほかにも、たとえば『パンセ』の次の有名な一節も、実に印象的な韻律をそなえている（フランス語の心得のあるかたは、ぜひ声に出して読んでみていただきたい）。

Nous voguons sur un milieu vaste, toujours incertains et flottants, poussés d'un bout vers l'autre. Quelque terme où nous pensions nous attacher et nous affermir, il branle et nous quitte. Et si nous le suivons, il échappe à nos prises, il glisse et fuit d'une fuite éternelle.（S230-L199-B72. 日本語訳は、本書

「11 適量の酒」を参照）

第一文は音節が偶数個の節三つ（8／8／6）から、第二文は音節が奇数個の節三つ（7／9／5）から、第三文は音節が偶数個の節三つ（6／6／10）からそれぞれなり、リズムに変化がある。また、第三文には、「i」（イ）の音の頻繁な反復が見られるのである。

「パスカルと音楽」は、決してささいな主題ではない。

注

（1）ただし、この断章は、必ずしもパスカルが絵画の芸術性に無関心だったことを示すものではない。本断章の主眼は、原物よりも不完全な価値しかもたない像にばかり気をとられてしまう人間の空しさに注意を促すことにあると解釈できる。次を参照。塩川徹也「絵はなぜむなしいか――像の存在論的不完全性をめぐって」、『パスカル考』岩波書店、二〇〇三年、一九―三九頁。

（2）次を参照。Jean Mesnard, « Pascal et la musique », in *id.*, *La Culture du XVIIe siècle: enquêtes et synthèses*, Paris: Presses Universitaires de France, 1992, pp. 318-326.

（3）*5e Prov.*, *FS*, p. 345（『著作集』(3)一〇八頁）。

14 笑い

『パンセ』は決して眉間《みけん》にしわを寄せて読む本ではない。取っつきにくい内容を扱っているように見えるが、あちこちに逆説や皮肉、軽快な表現や言葉遊びが含まれていて、その文章そのものに、読者を楽しませようという工夫が見える。同時代の民衆を熱狂させた『プロヴァンシアル』の作者であったパスカルは、諧謔のもつ説得の効果を十分に認識していた。次は「空しさ」の章に含まれる断章である。

二つの似た顔は、別々に見ると何ら笑えないのに、一緒になると、それが似ているということに笑わされる。(S47-L13-B133)

章題からして、この一文は、理由もないのに笑ってしまう人間の空しさを伝えようとしているのだろうが、パスカルは、この笑いの考察そのものによって、明らかに読者の笑いを誘おうとしている。

パスカルは『プロヴァンシアル』「第一一の手紙」で、笑いについて考察している。「ミサを唱えた代金をもらった司祭が、さらに別の人から金をもらってもかまわない」とか、「修道士は、僧服を脱いで踊りに出かけたり、窃盗したり、隠れて色町にくり出しても破門されない」といった、イエズス会神父の諸説を耳にして、ルイ・ド・モンタルト（パスカルの筆名）はこう語る。

驚きのあまり笑わずにはおられません。期待していたことと実際に目にしていることがあまりにもひどくかけ離れていることほど、笑いを催すものはないのですから。[1]

エルジェの漫画『タンタンの冒険』に登場する探偵デュポン（Dupond）とデュポン（Dupont）

パスカルは、期待と現実とのギャップが笑いを生み出すという、現代にも通じる喜劇理論を打ち立てている。これは論敵を非難する一節であり、ここでの「笑い」は嘲笑にほかならないが、パスカルはまさにこの理論を、読者に快を与える目的のために、『パンセ』で応用してみせる。

その尊崇に値する老齢ゆえに国民全体に敬《うやま》われているあの裁判官は、自己を純粋至高の理性をもって律していて、弱者の想像力にしか影響を与えないような空しい外観になどとらわれずに、ものごとをその本質によって判断しているのだと、あなたは言うかもしれない。その裁判官が説教場に入り、自己の理性の堅固さを、その慈愛の熱情によってさらに強めながら、その場にこの上なく敬虔な熱意をもたらしているのを見たまえ。彼は今や、模範的な尊敬をもって説教に聴き入ろうとしている。説教師がやって来る。その説教師が生まれつきしゃがれた声と珍妙な顔つきだったとしよう。そして、理髪師が彼の髭をそり損なっていたとしよう。おまけに、たまたま顔が汚れていたとしよう。そのような場合、その説教師がどれほど偉大な真理を説いて聞かせたところで、賭けてもよいが、先の裁判官の謹厳さはすっかり崩れてしまうだろう。(S78-L44-B82)

ここで裁判官は、説教師の風貌についての期待を大いに裏切られて吹き出している。そして、この文章の読者は、謹厳この上ない裁判官が笑いをこらえきれない姿を想像して、その意外さに笑いを誘われるのである。

このように見ると、よく知られた次の一節も、同じ喜劇理論をふまえて書かれているのではないかと思われてくる。

人間の空しさをしっかりと知りたければ、恋愛の原因と結果を見ればよい。恋愛の原因とは「なにやらよくわからないもの」(« un *Je ne sais quoi* »)である(コルネイユ)。そして、結果は恐るべきものだ。この「なにやらよくわからないもの」は、ささいなあまり知覚できないのだが、これが地球全体を、王侯を、軍隊を、全世界を揺るがすのだ。

クレオパトラの鼻がもっと短かかったとしたら、地球の様相の全体は一変していただろう。[2](S32-L413-B162)

取るに足らないような出来事や現象が、何世紀にもわたる世界の歴史を左右する。これほど意想外で滑稽なことはない。右で地球の「様相」の原語 « face » には「顔」の意味があり、もちろんクレオパトラの顔とかけた言葉遊びである。ひとりの女性の相貌のわずかな変化が地球全体に影響を及ぼすことを、言葉づかいによっても表現しているのだ。この手法も、パスカルのユーモアへの志向性を示している。

注

(1) *11ᵉ Prov., FS*, p. 447(『著作集』(4)一三頁)。

(2) この断章の解釈については、次の優れたエッセーを参照。塩川徹也「高低か長短か――「クレオパトラの鼻」をめぐって」、『パスカル考』岩波書店、二〇〇三年、三―一二頁。

15　三つの邪欲

聖書は「邪欲」を三つに大別している。アウグスティヌスに強い影響を与え、パスカルがさらにジャンセニウスを介して思索の重要な源泉とした考えである。パスカルは、『ヨハネによる第一の手紙』（二・一六）を引用し、次のように記している。

すべて世にあるもの、肉の欲、目の欲、生活のおごり。〈感覚欲、知識欲、支配欲（*Libido sentiendi, libido sciendi, libido dominandi*）。〉（S460-L545-B458）

ラテン語で記された「感覚欲、知識欲、支配欲」の語は、それぞれ「肉の欲」、「目の欲」、「生活のおごり」を言いかえたものだ。

「肉の欲」すなわち「感覚欲」とは、五感に由来する欲望であり、アウグスティヌスによれば、たとえば「物体の美しい形」、「さまざまな歌の美しい調べ」、「花や香油や香料の香り」、「マナ〔イスラエルの民が荒野の旅で神から奇蹟的に与えられた食物〕や蜜」、とりわけ「肉の抱擁」への抑えがたい欲求のことである。(1)

「目の欲」すなわち「知識欲」とは、知ることによって何の利益ももたらさないことがらを知る欲望のことである。認識において主要な役割を担うのは目であることから、そう呼ばれる。アウグスティヌスは、「自然の隠れた働きの探求」のほか、観劇の欲求や、「惨殺された死体」を見る快楽を挙げている。(2)

そして、「生活のおごり」あるいは「支配欲」とは、文字どおり他人を服従させる欲求であるが、もっと一般的に、人から称賛されたいという欲望、人から畏《おそ》れられ、愛されたいという欲望を意味する。パスカルはこれを「自己愛」と同一視し、「神への愛」(「慈愛」)を妨げるもっとも危険な悪徳とみなしている。

この「三つの邪欲」と、以前に見た「三つの秩序」とは、密接な関係がある。「三つの秩序」のうち「身体の秩序」には、「王や富者や将軍など、すべて肉において偉大な人々」が位置していた。王は権力によって、富者は金によって、将軍は武力によって、他者を意のままにあやつり、ほしいものをいつでも手にすることができる。彼らは支配を通じて、おのれの物欲や色欲、すなわち「肉の欲」を満たしている。人はおのれの感覚欲を効率よく満たすために、他者を自分の統制下に置くのである。人間において支配欲と感覚欲は、分かちがたく結びついている。

また、「三つの秩序」のうち、「精神の秩序」に所属するのは学者や発明家であった。彼らの探求の原因は、もちろん「知識欲」である。ところで、はたしてこの欲望は、アウグスティヌスの言うように、ただものを知りたい欲求だろうか。知識のための知識、学問のための学問への憧れだろうか。パスカルは、そうではないという。彼は、人間の好奇心の根柢に、「傲慢」すなわち支配欲が隠れていることを見ぬいている。

> 傲慢。
> 好奇心は、たいていの場合、うぬぼれにほかならない。人が何かを知りたがるのは、それについて人に語って聞かせるためである。さもなければ、誰も航海などしないだろう。人に何も語らず、単に見る楽しみのためだけで、人に伝える希望がまったくないならば。(S112-L77-B152)

人間の知識欲は、他者の前でその成果を自慢する欲望にほかならない。それゆえ、知識欲は社会的存在が必然的にもつ欲望だ。ルソーのような孤独な散歩者が、人里離れた場所で植物採集に没頭し、自然と一体化して自足するのは、きわめて特殊で近代的な現象ではないだろうか。

このように、パスカルにおいて、感覚欲と支配欲、知識欲と支配欲は、それぞれ不可分な欲望である。前者の一組が「身体の秩序」を、後者の一組が「精神の秩序」を、それぞれ導く原理として機能している。

このように考えると、パスカルは、「三つの邪欲」のすべてを「三つの秩序」のうちの「身体」と「精神」の二つの秩序に関連づけることで、残りの「慈愛の秩序」を唯一正当な原理とみなしているように見える。前にも述べたが、「慈愛（charité）」とは、「神への愛」のことである。パスカルにおいては、「神を愛すること」が至上の掟となる。

神だけを愛し、自己だけを憎まなければならない。（S405-L373-B476）

神が存在するならば、神だけを愛するべきであり、移ろいゆく被造物を愛してはならない。（S511-L618-B479）

「慈愛／精神／身体」のうち、後二者が邪欲の巣くう世界である。三つの秩序は、「慈愛／邪欲」という、より根本的な二元論的区別へと帰着する。

ところで、傑作小説『薔薇の名前』（一九八〇年。邦訳：河島英昭訳、全二冊、東京創元社、一九九〇年）で、ウンベルト・エーコが中世イタリアの僧院を舞台に描き出したのが、この「三つの邪欲」である。修道士のある者は男色に、ある者は淫行にふけり、肉の罪に陥る。また、支配欲の権化たるある者は、僧院における自分の地位を守るため、ある修道士に殺人の罪を着せて異端審問官に引き渡す。そして、秘密の書物をめぐって次々に人が死んでいくこの小説の最大の主題は、人間の罪深い好奇心であった。未読の人のために、これ以上は物語を明かさないでおこう。

注

（1）聖アウグスティヌス『告白』下、服部英次郎訳、岩波書店（岩波文庫）、一九七六年、第一〇巻第六章、一三―一七頁。
（2）同書、第一〇巻第三五章、七〇―七四頁。

16　自我は憎むべきものである

パスカルにとって、人間の最大の悪徳は「自己愛」である。彼は言う。「自己愛（amour-propre）とあの人間の自我（ce moi humain）との本性は、自分だけを愛し、自分のことしか考えないことにある」。ところが、その自我は、「自分が愛しているこの対象が欠陥と悲惨で満ちているのを妨《さまた》げようもない。〔…〕人々の愛と尊敬の対象でありたいと願うが、自分の欠陥は、人々の嫌悪と軽蔑にしか値しないと悟る」。そこで、

自我は、自分の欠陥を、自分に対しても他人に対しても、覆い隠すためにあらゆる配慮を行う。その欠陥を、他人によって見せつけられることにも、他人に見られることにも、耐えられないのである。（S743-L978-B100）

人間は自己愛のゆえに、他者を前にして、欠陥に満ちた自分を美化する。それのみならず、自分に対しても、その真の姿を偽る。そうして、自分が不完全な存在であることを忘れてしまう。

次の断章は、パスカルの友人で洒脱な社交人ダミアン・ミトンとの仮想対話の形式をとっている。

自我（le moi）は憎むべきものである。ミトン君、君は自我を隠しているが、だからといって、それを棄《す》てたことにはならない。それゆえ、君はやはり憎むべきものだ。「そんなことはない。現にわれわれがそうしているように、みなに親切にふるまえば、人から憎まれるはずがないだろう」。――もし、自我のなかで、そこから生じる不快だけを憎めばよいというのなら、そのとおりだ。
だが、私が自我を憎んでいるのは、それがすべてのものの中心になるのが不正だからなのだ。よって、私はやはりそれを憎むだろう。（S494-L597-B455）

省略の多い難解な文章であるが、「そんなことはない」というミトンの返答は、「君は自我を隠している」、「それゆえ、君はやはり憎むべきものだ」というパスカルの二つの指摘を両方とも否定しているようだ。ミトンは、自分が欠陥に満ちた自己を偽っていることに気づいていない。つまり、彼は自分が衷心から「みなに親切にふるまっている」と信じている。しかし、パスカルからすれば、そのような行いこそ自己愛の産物にほかならない。他人への思いやりや好意も、相手から自分がよく思われたい、好まれたい、尊敬されたいという欲求に発しているのだ。このような友好の態度は、他者から見た「不快」を取り除くかもしれないが、自我の根本的な「不正」を消失させるものではない。他者に対するあらゆる配慮は、かりそめのものにすぎない、というわけだ。

では、自我が隠しもっている「不正」とは何か。パスカルによれば、それは「すべてのものの中心」になろうとする傾向である。自我は、他者に対して自分を優位に立たせる欲望をそのうちに含む。つまり、自我の本性である自己愛とは、三邪欲のひとつである「支配欲」にほかならないのだ。

なぜなら、ひとりひとりの自我は、互いに敵であり、他のすべての自我の圧政者(1)(tyran)になろうと望むからである。(S494-L597-B455)

恐ろしい指摘である。人間はその本性からして自分だけしか愛さないのであり、他者に対しては敵意と競争心しか抱くことができない。人間が他人に対して誠実で謙虚で親切な人物としてふるまうのは、他者にそのような自分を評価させ、ひいては自分に従わせるためである、というのだから。しかも、もっと恐ろしいのは、人間はそのような醜い自己愛を、他人に対してのみならず、自分に対しても隠している、ということだ。貧困のなかにいる人に施しを与えたり、悲しみのなかにいる人を慰めたり、困難に陥っている人を励ましたりすることに身を捧げている人は、そのような行為が、相手に対する心からの同情に基づくものだと信じて疑わない——ダミアン・ミトンがそうだったように。しかし、パスカルによれば、それらも偽りの愛に発するということになるのである。

この場合、現世の社会は、互いに憎み合う人々の集まりである。彼らはそこで、互いの自己愛、すなわち支配欲を隠蔽しながら、互いに友好に努めることで、なんらかの平和や公共善を実現している。現世の秩序を支えているのは、自己愛という名の邪欲である。他者に対する愛は、見せかけのものにすぎず、「慈愛（charité）」の虚像にほかならない。


人間はすべて、生来互いに憎み合うものである。人は邪欲を、公共の善に役立たせるために最大限利用した。だが、それは見せかけにすぎず、慈愛の虚像にすぎない。実のところ、それは憎しみにほかならないのだから。（S243-L210-B451）

たいていの人にとって、他人への心からの好意に自己の醜い欲望がひそんでいることなど思いもよらない。ましてや、平和に満ちた共同体が憎しみの絆によって維持されているなどと、誰が想像するだろうか。パスカルにとって、それほどに、まったく対極的な原理であるはずの慈愛と邪欲とは似ていて、両者の判別は容易ではない。またそれほどに、邪欲は人間の本性のなかに深く根を下ろしてしまっているのである。

それにしても、これのどこが問題なのか。いくら邪欲に根ざしていても、平和な社会が築けているなら文句はないように思われるのだが。――この点については次の章で見よう。

注

（1）この「圧政者（tyran）」という語には、もちろん本書「8　圧政」で見た、「みずからの秩序を超えて支配を望む」不当きわまりない支配者という含意を読み取らねばならない。

17　手足とからだ

たとえ人によく思われたいという利己的な欲望が原因であるとしても、他者に対する思いやりは、共同体において一定の秩序と安寧を保証しうる。であれば、自我を「隠していること」が、なぜそこまで「憎むべきこと」になるのか。

パスカルはこう答える。

それゆえ、われわれは生まれつき不正である。すべてが自分に向かっているからである。これはあらゆる秩序に反している。全体を志向しなければならない。自己への偏向は、まったき無秩序の始まりである。戦争、政治、統治機構、人間の個々の身体のすべてにおいて。(S680-L421-B477)

自分だけを愛し、自分をすべての他者の上に立たせようとするわれわれの本性は、いずれは社会のあらゆる領域において無秩序を発生させる。いまは平和によって守られていても、そこにはほどなく戦争が発生し、共同体の政治や統治機構に混乱が生じ、やがては滅亡へと導かれるであろう。慈愛の虚像、すなわち邪欲（S243-L210-B451）がなんらかの秩序をもたらすとしても、それは脆弱で不安定なものでしかありえない。それだけではない。自己を世界の中心に置くそのような欲望は、結局は「人間の個々の身体」、すなわち自分自身の身の破滅をも招くことになる。

パスカルによれば、このような破局を回避するには、「全体的なもの」を愛するしかない。説明に際して、彼はパウロの着想を借用し、「手足＝成員（membre）」と「からだ＝共同体（corps）」の隠喩を導入する。

> 手足であるということは、からだ全体の精神によってのみ、また全体のためにのみ、生命と存在と運動とをもつことである。手足が分離して、それが属している全体をもはや顧みないなら、それは滅びゆき死にゆく存在にすぎない。（S404-L372-B483）

もし手足がからだ全体の健康を考えず、思い思いの欲望に従って行動したとすれば、からだは衰弱し、やがて死んでしまう。すると結局は、その一部である手足そのものも滅びてしまうだろう。手足はからだ全体の生命によって守られている。共同体とその成員の関係は、からだと手足の関係と同じである。個人が集団全体の幸福と発展を考慮せず、勝手な意志によってふるまえば、集団は衰弱し、それによってその成員も路頭に迷い、やがては死を迎えることになる。したがって、「全体を愛することによって、自分自身を愛することになる。

なぜなら、手足〔成員〕は全体にあって、全体によって、全体のためにのみ存在しているからである」(S404-L372-B483)。ひとりひとりの幸福は、全体への愛にある。[1]

ここで「全体」とは、具体的にどのような集団を指すのだろうか。個人の向ける愛が自分の家族に対するものにのみとどまるなら、それを一要素とする町は滅びるだろう。このとき、その家族に「自己愛」が発生していることになるからだ。同様に、個人が自分が住む町にのみ愛を注ぐなら、それを一要素とする国家は破滅するだろう。また同様に、個人が自分の属する国家に対してのみ排他的な愛を与え、他国に憎しみを向けるなら、それら諸国家からなる世界は崩壊するだろう。このように考えると、各人は愛を、いかなる大きさをもつ共同体の限界をも超えて広げていかなければならない。

自然的あるいは文明的な共同体の各成員が、全体の幸福を志向するのなら、そうした共同体そのものは、それらを成員としているさらに大きな別の全体を志向しなければならない。(S680-L421-B477)

では、究極の「全体」とは何か。それは、「自然的あるいは文明的な共同体」のいずれでもなく、無限の広がりをもち、すべてを包摂する超自然の存在、すなわち神にほかならない。パスカルにおいて、手足とからだ、共同体とその成員を結びつける関係は、最終的に、神(イエス＝キリスト)と人間との関係を表現するに至る。

〈神につくものは、これとひとつの霊になる。〉人はイエス＝キリストの手足であるから、自分を愛する。人は、イエス＝キリストが自分を手足とするからだであるがゆえに、彼を愛する。(S404-L372-B483)

こうして、「自我は憎むべきものである」というパスカルの主張は、「神を愛せよ」という掟と結びつく。「神だけを愛し、自己だけを憎まなければならない」(S405-L373-B476)。自己愛は、いかにそれが隠されていたとしても、全体への愛、すなわち神への愛をさまたげる直接の原因となる。人間はそのことが自己自身の不幸と悲惨を招くことを知らず、偽善に満ちた交際に身をやつしている。真の幸福は神への愛にのみ存する。そのことを自覚せよ。――パスカルはそう言いたいようである。

注

(1)「考える手足」の着想は、パウロ『コリント人への第一の手紙』から、全体と個の関係についての着想は、エピクテートス『語録』二・五(『人生談義』上、鹿野治助訳、岩波書店(岩波文庫)、一九五八年)から、それぞれ与えられている。次を参照。Pierre Force, « Maladies de l'âme et maladies du corps chez Pascal », *Papers on French Seventeenth Century Literature, Biblio 17*, n° 89, 1995, pp. 77-86.

18　順序

『パンセ』のなかには、文章の書き方についての考察がいくつか含まれている。自分がいま書きつつある『キリスト教護教論』をどのように書けばよいか、という思索である。次はそのよく知られた例だ。

私が何も新しいことを言わなかったとは言われたくない。素材の配置が新しいのだ。ポーム遊びをするときは、二人が同じボールを使うが、どちらがよい場所に打つかを競う。(S575-L696-B22)

自分の文章の独自性は、中身ではなくその配置、並べ方、すなわち論じ方、論じる順序にある。ちょうど「ポーム遊び」(テニスの原型のようなスポーツ)では、使うボールではなく、そのボールをどこに打つかによって勝負が決まるように。ここでボールは言語の比喩である。右の一節はつまり、自分には新奇な用語も概念も必要ないという、なんとも不敵な宣言である。自分はありきたりな表現、使い古された言葉を用いて、誰にもまねできない思考を伝えるというのだから。

また、私が古い語を使ったとも言われたい。こうして、同じ思考でも配置が異なれば別の文章をなさないわけがないだろう。それと同じように、同じ語でも配置が異なれば別の思考をなすのである。(S575-L696-B22)

シャルル・ユルポー『王も楽しむポーム遊び』(Charles Hulpeau, *Le Jeu royal de la paume*, Paris, 1632) 口絵

では、ここで目指されている新たな論述、新たな「思考」とは何か。キリスト教に関する彼独自の見解のことだろうか。それは違う。パスカルにとって、正しい教えは聖書と教会によるその伝承に尽きるのであって、それに新しい知見を加えるのは厳に慎《つつし》まなければならない(彼は『プロヴァンシアル』で、身内の神学博士の新説を喧伝してはばからないイエズス会士を厳しく批判している)。そうではなく、次に示されるパスカルの最終目的、すなわち不信仰者の回心を促す論

述、相手自身に宗教が真であることを願わせるメッセージのことである。

順序（ordre)。

人々は宗教に軽蔑と憎しみを抱き、それが真であることを恐れている。この病を癒やすためには、はじめに、宗教が理性に反するものではないことを示さなければならない。そうして、宗教が敬うべきものであり、敬意の対象であることを示さなければならない。次に、宗教を愛すべきものとし、正しい人々に宗教が真であることを願わせ、そうして宗教が実際に真であることを示さなければならない。（S46-L12-B187)

パスカルが目指しているのは、神の存在、人間の原罪、奇蹟の真実性といった命題の証明ではない。宗教を愛させ、宗教が告げるそのような命題が真であってほしいという希望を抱かせること、そしてそれらが真であるという確信を得るまで、みずから探求するように誘《いざな》うことである。実のところ、重要なのはその確信ではない。安易な確信は、かえって慢心を招く危険がある。疑いをもちながらも、探求の途上にあるという自覚こそが、むしろ正しい信の条件なのだ。

パスカルは、読者をこのような状態に導こうとしていた。古い言葉を新たな「配置」によって提示することで、彼が実現しようとした新たな「思考」とは、相手の心を動かす力、相手を探求という行為へと駆り立てる熱のことである。

さて、パスカルは、このような運動を促す語の配置、すなわち論の運びを「心の秩序」または「慈愛の秩序」と呼び、定義や論証といった幾何学のモデルに基づいた論の運びである「精神の秩序」に対置している（ここでの「秩序（ordre）」という語は、「三つの秩序」の「秩序」とは異なり、弁論における語の並べ方、論述の順序を意味する）。

心には固有の秩序があり、精神には、原理と証明による固有の秩序がある。心にはそれとは別の秩序があるのだ。〔…〕

――

イエス＝キリストや聖パウロは、慈愛の秩序をもっている。精神の秩序ではない。彼らは熱を与えようとしたのであって、教えようとしたのではないからだ。

聖アウグスティヌスも同様である。その秩序は、最終目的と関係のある個々の点で逸脱を行うことにある。それは、その最終目的をつねに示すためである。（S329-L298-B283）

パスカルが実践しようとした新たな論述とは、理性ではなく「慈愛」、論理ではなく「逸脱」に即したものであるという。それはもはや、いかなる方法をも欠いた秩序、順序なき順序、すなわち混沌である。パスカルは死の直前まで、断章を整理し、目的にもっともふさわしい順序について試行錯誤をくり返していた。残された草稿の束の集積には、「いかなる秩序も、いかなる繋がりもなかった」という[1]（ポール＝ロワイヤル版『パンセ』編者エティエンヌ・ペリエ）。彼の死は、作品を理想的な状態で残したと言えるかもしれない。

> 私は自分の考えを、ここに順序を無視して書きつける。とはいえ、それは目的もなしに混乱のうちに書くということにはならないだろう。それこそが真の順序であって、これにより、無秩序のさなかにあってさえ、私の目的がつねにしっかりと示されるのである。（S457-L532-B373）

注

（1） *Pensées de M. Pascal sur la religion et sur quelques autres sujets: l'édition de Port-Royal (1670) et ses compléments* (*1678-1776*), présentées par Georges Couton et Jean Jehasse, Saint-Etienne: Editions de l'Université de Saint-Etienne, 1971, « Préface », p. 68. 次も参照。« Notice » pour les *Pensées*, *FS*, p. 759.

19　分け前

数学者パスカルは、確率論の分野でも先駆的な業績を残している。彼の発見した「分け前の規則（la règle des partis）」が、確率の計算へと道を開いたのである。確率の概念がなければ、生命保険も量子論も金融工学も存在しなかった。

かくも重要な発見のきっかけは、賭けごと好きの友人シュヴァリエ・ド・メレからのこんな相談だった（一六五四年）。「二人が同額の賭け金を差し出し、先に何勝かした者が賭け金の全額を得る。このゲームを中断した場合、両者はどのような比率で賭け金を配分すればよいか」。ここでのゲームとは、サイコロ、コイン投げ、トランプゲームなど、勝利がまったく偶然にゆだねられているギャンブルのことだ。すなわち、個々の勝負において一人が勝つ可能性はまったく同等である。パスカルは、当時最大の数学者であったピエール・ド・フェルマーに手紙で助言を求め、何回かの文通を経て解を導く(1)。

たとえば、問題をもっとも単純な形でこう設定しよう。

先に三勝した者が賞金を得るゲームで、AとBの二人が四ピストル（当時の貨幣の単

フェルマー

位」ずつ賭ける。Aが二勝一敗の時点で中断したとすれば、賞金はどのように配分すればよいか。

当時の一般的な解決法は、賭け金の合計八ピストルをAとBの現時点までの勝ち数に応じて二対一に分けるというものだった。しかし、メレはこれだとなんとなくAが損をしていると感じていたのだという。メレのギャンブラーとしての直感は正しかった。パスカルとフェルマーは、ゲームが最後まで続いていたとしたらどうなるかという、未来の可能性も考慮に入れるべきだと考え（最初にそのように指摘したのはフェルマーである）、同じ結果に到達した。パスカルの解法を現代風に記せば、こうである。

これまでの三戦で終わらずに、ゲームが続行するとすれば、Aが賞金を得るのは次の二つの場合のいずれかである。

(1)第四戦でAが勝つ。
(2)第四戦でAが負け、第五戦でAが勝つ。

そこで、

(1)の確率は、$\frac{1}{2}$

(2)の確率は、$\frac{1}{2}\times\frac{1}{2}=\frac{1}{4}$

Aが合計三勝する確率は、(1)と(2)の和なので、

$\frac{1}{2}+\frac{1}{4}=\frac{3}{4}$

よって、A、Bが受け取る額はそれぞれ次のとおりである。

A：　$8\times\frac{3}{4}=6$ピストル

1
1　1
1　2　1
1　3　3　1
1　4　6　4　1
1　5　10　10　5　1
1　6　15　20　15　6　1
1　7　21　35　35　21　7　1
1　8　28　56　70　56　28　8　1
1　9　36　84　126　126　84　36　9　1
1　10　45　120　210　252　210　120　45　10　1

数三角形（パスカルの三角形）

B：　$8\times\left(1-\frac{3}{4}\right)=2$ピストル[2]

勝つ可能性を指すのに、パスカルとフェルマーは「確率（probabilité）」という語ではなく、「偶然（hasard）」という語を使用した[3]。だが、彼らが計算しているのは「確率」にほかならず、A、B両者への配分金額は「期待値」そのものである（期待値の概念が確立されるのは一八世紀である）。

パスカルはさらに、この種のゲームにおける二者の賞金の配分規則を、一般的な形で定式化した。それが「分け前の規則」である。その際に用いたのが、有名な「数三角形」、別名「パスカルの三角形」である（学校の数学の授業で、$(a+b)^n$ の展開式を得るために利用した記憶がおありだろう[4]）。パスカルの結論を単純化して記せば、次のようになる。

ゲームの決着までに、A、Bがそれぞれあとa勝、b

勝不足している場合、まずは数三角形の第$a+b$行に注目する。その行に並ぶ数字は$a+b$個である。

そこで、行の左端から数えて1番目からb番目までの数字の合計をP、その行の$b+1$番目から右端までの数字（つまり、右端から数えて1番目からa番目までの数字）の合計をQとする。

このとき、Aの分け前とBの分け前の比率は、$P:Q$である。[5]

まことに簡潔で美しい規則である。$a=1$、$b=2$の場合、右で記した結果のとおり、AとBの分け前の比率は3：1になることが確認できただろうか。では、$a=2$、$b=4$のときはどうだろう。ぜひ考えてみてほしい。[6]

さて、この「分け前の規則」が、『パンセ』のなかにも登場する。次にこれについて見よう。

注

（1）　パスカルとフェルマーの往復書簡（一六五四年七―一〇月、*MES*, II, pp. 1136-1158）、ならびに、「数回勝負をする2人の賭博者の間でなされるべき賭の分け前を定めるための数3角形の用法」（『数学論文集』五四―七四頁）を参照。また、次も参照のこと。キース・デブリン『世界を変えた手紙――パスカル、フェルマーと〈確率〉の誕生』原啓介訳、岩波書店、二〇一〇年。

（2）次を参照。吉永良正『『パンセ』数学的思考』みすず書房（理想の教室）、二〇〇五年、一一〇―一一四頁。

（3）« Il y a autant de hasard que vous les gagniez comme moi » (Lettre de Pascal à Fermat, le 29 juillet 1654, *MES*, II, p. 1138) ; « Le hasard est égal » (*ibid.*).「確率」の意味で初めて « probabilité » の語を使用したのは、パスカルの盟友アントワーヌ・アルノーとピエール・ニコルによる『論理学あるいは思考の技法』（通称『ポール＝ロワイヤル論理学』）だとされる（初版一六六二年）。

（4）念のために記せば、数三角形の五列目から簡単に次の式が導かれる。

$(a+b)^4 = a^4 + 4a^3b + 6a^2b^2 + 4ab^3 + b^4$

（5）なぜこのような結論が得られるかについては、左の【参考】を参照。

（6）正解は、26：6（＝13：3）である。

【参考】

なぜ本文中に示した結論に至るのかを、簡単に説明しておこう（ただしパスカルの解法とは異なる）。たとえば、ゲームの決着までに、A、Bがそれぞれあと二勝、四勝不足している場合を考える。このとき、勝負が決するまでにあと最大2＋4－1＝5戦が行われる。第四戦までで勝負が決着したとしても五戦すべてが行われると仮定して、A、Bの勝敗の組合せを考える。

そこで、Aが勝つたびに[A]のパネルを、Bが勝つたびに[B]のパネルを並べていくとすると、五戦終了時のパネル[A]とパネル[B]の枚数の組合せは、表1の①欄に記した六通りとなる。また、それぞれの組合せにおけるパネルの並べ方の数を②欄に記す。

ところで、一般に、数三角形（「パスカルの三角形」）のn行k列目の数は、n－1個のものからk－1個のものを取る「組合せ」の数、すなわち、

	①パネルの枚数の組合せ	②パネルの並べ方の数	③数三角形内の位置
［I］Aの勝利	Aが5枚、Bが0枚	$_5C_0=1$ (AAAAA)	6行1列目
	Aが4枚、Bが1枚	$_5C_1=5$ (AAAAB, AAABA, AABAA, ABAAA, BAAAA)	6行2列目
	Aが3枚、Bが2枚	$_5C_2=10$ (AAABB, AABAB, ABAAB, BAAAB, AABBA, ABABA, BAABA, ABBAA, BABAA, BBAAA)	6行3列目
	Aが2枚、Bが3枚	$_5C_3=10$ (BBBAA, BBABA, BABBA, ABBBA, BBAAB, BABAB, ABBAB, BAABB, ABABB, AABBB)	6行4列目
［II］Bの勝利	Aが1枚、Bが4枚	$_5C_4=5$ (BBBBA, BBBAB, BBABB, BABBB, ABBBB)	6行5列目 (右から2列目)
	Aが0枚、Bが5枚	$_5C_5=1$ (BBBBB)	6行6列目 (右から1列目)

表1

$$_{n-1}C_{k-1}\ (n = 1, 2, 3\ldots;\ k = 1, 2, 3\ldots, n)$$

である。したがって、表1の②欄の数は上から順に、数三角形の第六行の左端から右端までの数（1、5、10、10、5、1）に対応している（表1の③欄に、数三角形内のその数字の位置を示す）。

そこで、最終的にAが勝つのはパネル[A]が二枚以上の場合（[I]）で、Bが勝つのはパネル[B]が四枚以上の場合（[II]）だから、AとBの分け前の比は、表1の[I]の場合におけるパネルの並べ方の数の合計と、[II]の場合におけるパネルの並べ方の数の合計の比に等しい。すなわち、数三角形の第六行の左から一～四列目の数字の合計と、同じ行の左から五～六列目（右から一～二列目）の数字の合計の比

$$(1 + 5 + 10 + 10) : (5 + 1) = 26 : 6 = 13 : 3$$

となる。

これを一般化して言えば、次のようになる。

ゲームの決着までに、A、Bがそれぞれあとa勝、b勝不足しているとき、先と同様にして表2を作る。最終的にAが勝つのは、パネル[A]がa枚以上の場合（[I]）で、Bが勝つのはパネル[B]がb枚以上の場合（[II]）である。このとき、AとBの分け前の比は、表2の[I]の場合におけるパネルの並べ方の数の合計と、[II]の場合におけるパネルの並べ方の数の合計の比に等しい。すなわち、数三角形の第a＋b行の左から1～b列目の数字の合計（＝P）と、同じ行の左からb＋1～a＋b列目（右から1～a列目）の数字の合計（＝Q）の比（＝P：Q）となる。

以上について、友人で大阪大学大学院工学研究科教授の安田誠さんから懇切丁寧にご教示いただいた。記

	①パネルの枚数の組合せ	②パネルの並べ方の数	③数三角形内の位置
[I] Aの勝利	Aがa＋b－1枚、Bが0枚	$_{a+b-1}C_0$	a＋b行1列目
	Aがa＋b－2枚、Bが1枚	$_{a+b-1}C_1$	a＋b行2列目
	Aがa＋b－3枚、Bが2枚	$_{a+b-1}C_2$	a＋b行3列目
	⋮	⋮	⋮
	Aがa枚、Bがb－1枚	$_{a+b-1}C_{b-1}$	a＋b行b列目
[II] Bの勝利	Aがa－1枚、Bがb枚	$_{a+b-1}C_b$	a＋b行b＋1列目（右からa列目）
	⋮	⋮	⋮
	Aが1枚、Bがa＋b－2枚	$_{a+b-1}C_{a+b-2}$	a＋b行a＋b－1列目（右から2列目）
	Aが0枚、Bがa＋b－1枚	$_{a+b-1}C_{a+b-1}$	a＋b行a＋b列目（右から1列目）

表2

して感謝申し上げる。

20　不確実なもののために努力すること

ギャンブルの賞金の配当を算出する「分け前の規則」が、『パンセ』では思いがけない重要な役割を与えられて登場する。

確実なもののためにしか行動してはならないとすれば、宗教のためには何もしてはならないことになるだろう。宗教は確実ではないからだ。だが、人は現に、不確実なもののためにどれだけ多くのことをなしていることか！　航海や戦争などがそうだ。それゆえ、私はこう言おう。確実なものなど何もないのだから、何もしてはならない、と。また、われわれが明日という日を目にする可能性よりも、宗教のほうがまだ確実である、と。

なぜなら、われわれが明日を目にすることは確実ではないが、明日を目にしない可能性は確実にあるからだ。宗教について同じことは言えない。宗教が真であることは確実ではないが、はたして、宗教が真でない可能性が確実にあると主張できる者がいるだろうか。(S480-L577-B234)

航海、戦争、試験勉強は、それぞれ、目的地への到着、勝利、合格という、得られるかどうかわからない成果をめざした活動である。人はこうした活動に好んで従事する。そればかりか、考えてみれば、学問は知識を、スポーツは健康を、狩りは獲物を、農業は収穫を、商売は利益を、誘惑は相手の好意を、創作は自己の比類なき表現を目的とした行いであって、人間の日常の大部分は、達成できるとはかぎらない目的に支えられた活動で成り立っている。であれば、とパスカルは問う。なぜ宗教に耳を傾け、神から与えられる霊的な幸福の獲得に乗り出さないのか。その教えは、たしかにある者にとっては真実とは思われないかもしれないが、それが真実である可能性がゼロではないことは誰でも納得できるだろう。その可能性は、少なくとも各人が明日を目にする可能性よりは大きい。われわれは不死ではない以上、いずれ必ず「明日を見ない」、すなわち「今日死んでしまう」という事態を迎えるのであり、それがまさに今日である可能性もあるからだ（かなり詭弁めいた論理だ）。ここで「分け前の規則」がもち出される。

それゆえ、人が明日のため、不確実なもののために努力するとき、それは正しいのである。

――

なぜなら、分け前の規則――この規則は証明済みである――によれば、人は不確実な

もののために努力しなければならないからである。(S480-L577-B234)

パスカルは「分け前の規則」を、当初の目的から離れて、人間の行動の原則、倫理に応用しようとしている。遊戯の規則だったものが、実存の指針へと発展するのだ。

この規則は、得られるかどうかが不確実なものを獲得できる可能性を、理性に即して算定する手段である(パスカルはこの技術を興奮気味に「偶然の幾何学[1](*Aleae Geometria*)」と呼んでいる)。パスカルは数学論文中でこう語る。プレイヤーはこの規則によって、「勝負がどのような段階にあろうと、それを中断し、勝負を始めたときとは反対に、偶然に期待するのをやめ、各自が賭け金のいくぶんかを取りもどすことができる[2]」と。よって、ギャンブルの損得にも何も不合理な点はないのだから、ためらわずに賭ければよいのだ。このことを人生にあてはめて考えると、われわれはたとえ不確実なものを得るための行動に従事していても、またその行動がいつ不意に——たとえば死によって——中断させられたとしても、確実にその正当な報酬(「分け前」)を与えられる、ということになる。ゆえに、「不確実なもののために努力するのは正しい」。パスカルが「分け前の規則」から読み取ったのは、人生における冒険のすすめなのである。

では、どんな冒険に乗り出すべきなのか。それは、右で見たことから明らかなように、「宗教」すなわちキリスト教に従った敬虔な生である。なぜか。それは、この敬虔な生涯によって、肉体の死後に、神から魂の永遠の生を与えられる可能性があるからだ。「分け前の規則」が示すとおり、不確かな儲け（成果）を求めて財（時間、苦労）を差し出すのはまったく理に適っている。だが、その成果がこの世の善（富、名誉、知識）であるかぎり、それは自分が死んでしまえば何の意味もなくなる空しいものにすぎない。これに対して、宗教が約束するのは「無限に幸福な無限の生」（S680-L418-B233）である。全生涯を差し出す価値があるのは、この賭けだけである。この「分け前」を得られる可能性がいかに小さくとも、それがゼロでないかぎりは、期待値は無限大となるからだ（$n>0, n\times\infty=\infty$）。

「分け前の規則からして、君は苦労してでも真理を探求しなければならない。なぜなら、もし君が真の原理〔神のこと〕を崇拝せずに死んだとしたら、君は〔来世を授けられることなく〕亡びてしまうからだ。」――これに対して君はこう言うだろう。「だが、もし私が神を崇拝することを神が望んだのだとしたら、神は私に、その意志を表すしるしを残していたはずだろう。」――「ああ、そのとおり、神はしるしを残している。ただ君にはそれが見えないのだ。だから、それを探求するのだ。その価値は十分にある。」（S190-L158-B236）

この議論が名高いパスカルの「賭け」につながっていく。

注

（1） « *Celeberrimæ Matheseos Academiæ Parisiensi* », *MES*, II, p. 1035（「いとも高名なパリ数学アカデミーに」（一六五四年）、『全集』(1)二八三頁）。

（2） « Divers usages du triangle arithmétique dont le générateur est l'unité », *MES*, II, p. 1308（「単位数を母数とする数3角形の様々な応用」、『数学論文集』五四頁）。

コラム３　パスカルと馬車

パスカルの姉ジルベルトは、弟の徹底した清貧ぶりを伝えている。彼が病弱の身でありながら、わずかばかりの財産をすべて貧者に与えてしまうので、彼女がたしなめると、彼は気を悪くしたという。(1)『パンセ』にはこんな一節がある。

　私は清貧を愛する。彼〔キリスト〕が愛したからだ。私は富を愛する。それによって不幸な人々を助ける手段を得られるからだ。(S759-L931-B550)

一六六一年の秋、ポール＝ロワイヤルの修道女であったパスカルの妹ジャクリーヌが病死し、彼女の持参金が修道院から遺族に返還された。パスカルは、この金を貧者救済に役立てようと考える。そこで彼は、重病に苦しみながらも、友人の貴族ロアネーズ公らの協力を得て、パリ市内における初の乗合馬車事業の創始に乗り出す。社会的弱者に容易な移動手段を提供することが目的だった。当時パリと一部の都市を結ぶ馬車はあったが、貸し切り専用で、料金は極端に高額であった。

一六六二年二月、国王から開業の認可が下りる。認可状には、パスカルの意に反し

1666年ごろの5ソル乗合馬車の様子（図版提供：RATP（パリ市交通公団））

て、「兵士、小姓、従僕その他の労働者〔…〕は馬車内に入るべからず」と記されていたが[2]、ともあれ、ヨーロッパ初の大都市における公共交通事業が発足する。料金は一人一回の乗車につき一律五ソル（画期的な安価だったとはいえ、まだまだ庶民には簡単に出せる額ではなかったようだ）。馬車は二頭立てで八人乗り。発車間隔は「一時間の八分の一ごと」と定められていた。また、都市間を結ぶ馬車が大型で頑丈だが乗り心地の悪いコシュ（coche）であったのに対し、こちらは上品で柔軟なサスペンション構造をそなえたカロッス（carrosse）だった。

　翌月にはさっそく、セーヌ左岸のリュクサンブールと右岸のサン＝タントワーヌ門（バスティーユの近く）を結ぶ最初の路線が開通。七台の馬車が導入される。パスカルはジルベルトに付き添われながら、病をおして試乗する（これが彼の最後の外出になる）。沿道の人々は馬車を見て歓声を上げる。上々の滑り出しであった。ジルベルトは出資者のひとりアルノー・ド・ポンポンヌへの手紙でこう記している。

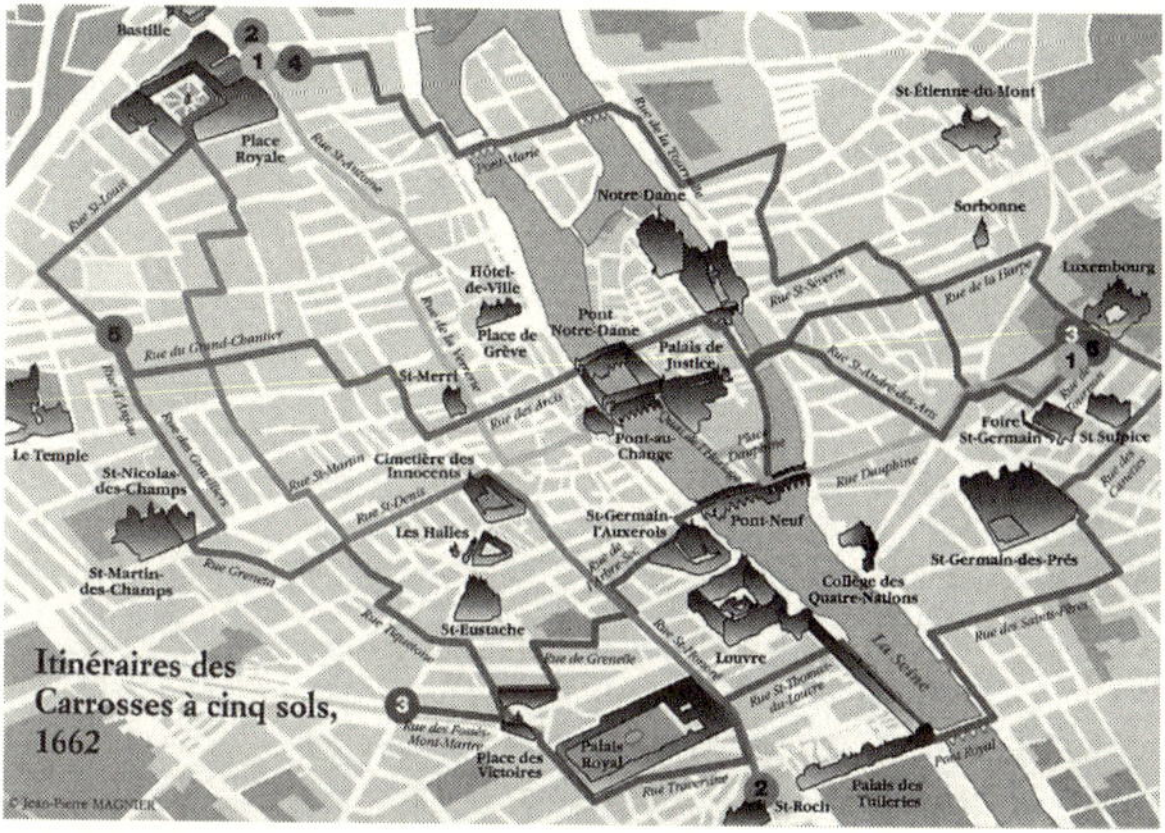

5ソル乗合馬車路線図

かくも大成功だったので、初日の朝から多くの馬車が満員でしたし、婦人までもが大勢乗っていました。でも、午後には、あまりの群集のため馬車に近づけないほどでした。ほかの日も同様でした。〔…〕要するに誰もがみな称賛していたわけで、当初からこれほどうまくいく事業などほかにないと言えるでしょう[3]。

以後、三ヵ月あまりの間に、四つの路線が増設される（路線図参照）。収益はすべて新たな馬車の購入にあてられた。

みずから考案した事業の盛況を見

届け、パスカルは同年八月に世を去る。その後も五ソル乗合馬車事業は存続したが、次第に客が離れ、一六七七年には営業を終える。パリにおける乗合馬車事業の再開は、一八二八年である。(4)

注

（1） Gilberte Périer, *La Vie de Monsieur Pascal*, *MES*, I, pp. 588-590（ジルベルト・ペリエ『パスカル氏の生涯』、『全集』⑴三九―四二頁）。

（2） Arrêt du Parlement, le 7 février 1662, *MES*, IV, p. 1401（「五ソル乗合馬車に関する書類」、『全集』⑵五七二頁）。

（3） Lettre de Gilberte Pascal à Arnauld de Pomponne, le 21 mars 1662, *MES*, IV, p. 1404（「ジルベルト・パスカルからアルノー・ド・ポンポンヌへの手紙」一六六二年三月二一日、同書、五七三―五七四頁）。

（4） 本コラムの執筆に際して、次を参考にした。① Jacques Attali, *Blaise Pascal ou le génie français*, Paris: Fayard, 2000, pp. 390-396. ②「五ソル乗合馬車に関する書類」、佐藤正之による「解説」、『全集』⑵五八〇―五八五頁。③ Eric Lundwall, *Les Carrosses à cinq sols: Pascal entrepreneur*, Paris: Scienceinfuse, 2000. ④ Musée des transports urbains, interurbains et ruraux ウェブサイト（http://www.amtuir.org）。図版は④より、馬車路線図は③の付録より。

21　知識の空しさ

知識や学問は何のためにあるのか。現代人の多くは、公共的利益のため、社会の経済的・文化的発展のため、と答えるだろう。パスカルにおいては、事情は異なる。

知識の空しさ。
悲嘆にとらわれたとき、道徳に関して無知ならば、外的なことがらに関する知識があっても、私は癒やされることはないだろう。逆に、外的な知識に関して無知でも、道徳に関する知識があれば、私はいつでも癒やされることだろう。（S57-L23-B67）

パスカルは、知識の存在意義を「悲嘆」を慰める役割に認め、そのような役割をはたさない「外的なことがらに関する知識」を「空しい」と断じている。ここで「悲嘆」とは、人間の生存にまつわる普遍的な不安、自分がいずれは死んでしまうという、自己の有限性に関する恐れのことである。人間は、やがて死ぬというおのれの悲惨な運命を直視することができないばかりに、たえず気晴らしにふけっている（「気晴らし」という『パンセ』の重要な主題については別の章で見る)。そのような悲惨な境遇にいる人間に真の解決策を示すのが「道徳」すなわちキリスト教の道徳である。これのみが、死後のおのれの運命にそなえて現世においていかにふるまうべきかを説いている。

パスカルによるデカルト批判は、以上のような認識に根ざしている。

大ざっぱにこう言うべきである。「これは形と運動からなっている」と。なぜなら、これは事実だからだ。だが、それがどういう形や運動であるかを語り、機械の成り立ちを描き出してみせるのは滑稽である。そんなことは無益であり、不確実であり、骨が折れるからだ。それに、たとえそれが事実であったとしても、われわれは、哲学全体が一時間の労にすら値するとは思わない。(S118-L84-B79. 原稿ではパスカルによって抹消されている)

批判は二段階からなる。第一はデカルトの論述方法に関わる。それは細かすぎて、かえって事実と有効性を損なっている。もっと簡潔に語るほうが事実に忠実だし、読者の理解も容易であるという。第二はもっと深刻だ。仮にデカルトが事実を語っていたとしても、彼の探求などまったくの無駄だというのだから。そもそもデカルトは扱うべき主題をまちがえているというわけだ。彼は自然学、幾何学、気象学、形而上学、医学など、多様な分野において多大な貢献を果たしたが、そのなかのどれも、悲惨な運命を前にした人間について、なんら指針を与えてくれない。そのかぎりで、それら「哲学」は、時間の浪費、気晴らし以上の何ものでもないのである（当時「哲学（philosophie）」は、理性による推論を基盤とする学問の総称として用いられていた）。パスカルは、別の断章でこう宣言する。「哲学を馬鹿にすることこそ、真に哲学することである」（S671-L513-B4）。

ところで、パスカルは、あるとき「抽象的な学問」を放棄し、「人間の研究」に乗り出したという。

デカルト

私は長らく抽象的な学問の研究に時間を費やしてきたが、人と交流する機会があまりに少ないため、嫌気がさした。人間の研究を始めたときに悟ったのは、抽象的な学問は人間に有益なものではないということと、それに没頭していた私のほうが、それを知らない人々よりも自分の本来の境遇から外れていたということだった。私は、人々が抽象的な学問をほとんど知らないのを許した。だが、少なくとも、人間の研究においては、多くの仲間を見つけられるだろうと思っていたし、これこそが人間にふさわしい研究だと信じていた。私はまちがっていた。人間を研究する人は、幾何学者よりもっと少なかった。人間を研究するすべを知らないからこそ、人はそれ以外のものを研究するのだ。それにしても、はたして人間研究もまた、人間がなすべきものではないのだろうか。幸せになるためには、おのれを知らないほうがよいのだろうか。(S566-L687-B144)

「抽象的な学問」が、パスカルが若年時に没頭し、めざましい成果をあげた数学(文中では「幾何学」)や自然学を指すことは明らかである。その意味で、彼はデカルトと同じ穴の狢《むじな》である。ところが、パスカルはあるとき、それらの学問の無益さを悟り、「人間の研究」に身を捧げるようになった。人間の研究とは、本章冒頭の引用文中にあった「道徳」と同じく、人間とは何か、人間はいかに生きるべきか、人間の未来の運命はいかなるものかについての探求のことである。パスカルにとって、そのような探求の指針を与えてくれるのは、キリスト教以外にはない。彼は回心を経て、この宗教に基づいた「人間の研究」の仲間を増やすのに専心している。

パスカルを完全に信仰に向かわせたのは、一六五四年一一月二三日の夜の霊的体験だとされている(本書「35 メモリアル」参照)。だが、そののち彼が数学者のフェルマーに、「いまは幾何学の精神とはまるでかけ離れた研究に没頭しておりますので、もうそのような精神があったことさえ思い出せないくらいです[1]」と書く(一六六〇年八月)までに、二度にわたる数学への回帰があった。一度目は、一六五六年春ごろ、ホイヘンスが出した賭けの分け前決定の難問を解いたこと。二度目は、一六五八年、歯痛の苦しみを紛らせるために思いついたとされる、「サイクロイド（ルーレット）問題」（ひとつの直線上をひとつの円が回転するときに円周上の一点が描く軌跡に関するさまざまな問題）の解決である。[2] パスカルにとって「抽象的な学問」の研究は、空しい遊戯にすぎなかったが、それでもなお――あるいはそれゆえにこそ――容易に断念できるものではなかったのである。[3]

注

（1）Lettre de Pascal à Fermat, le 10 août 1660, *MES*, III, p. 923（「パスカルからフェルマへ」一六六〇年八月一〇日、『全集』⑵四一三頁）。

（2）この点について詳しくは、次を参照。「フェルマからパスカルへの手紙とその返書」、原亨吉による「解説」、『全集』⑵四一四―四二三頁。

（3）パスカルの回心の直後に妹ジャクリーヌからパスカルに宛てられた手紙のなかにある次の一節は、それ以前にパスカルが、（少なくとも妹の目からは）いかに世俗的な欲望にまみれているように見えていたかを物語っていて興味深い。「お兄さまが、何らかの偉大な見かけをもつもの〔身分の高さや名誉のこと〕を、まるで待ちきれないようにしてすべて一気に捨て去ったことに敬意を表します。それにしても、このような恩恵を神が与えられたことに驚くばかりです。というのも、お兄さまが、あれほど熱心にのめりこんでいた泥沼の魅惑に、まだしばらくの間は悩まされつづけるだろうと思われる理由にこと欠かなかったからです。それに、その泥沼からお兄さまを救い出しうるもののすべてから、かくも遠ざかっていたのですから、そのような不毛の地にあって、まだまだ俗世の臭いを放つもののすべてがお兄さまをとらえて離さなかったとしても、仕方がないと思われるのです」（Extrait d'une lettre de Jacqueline à Pascal, le

19 janvier 1655, *MES*, III, p. 69（「ジャクリーヌからパスカルへの手紙の抜粋」一六五五年一月一九日、『全集』(1)三二〇頁）。

22　民衆の健全な意見

現代から見て、パスカルの政治思想はかなり異様だと言わざるをえないだろう。先にも見たように（本書「3　不快を耐えよ」）、パスカルは現今の政治体制の変革を好まない。変革の過程で生じる秩序の混乱をこそ悪ととらえるからである。キリスト者は、平和の維持のために、不正な支配者や法にも服従しなければならない。これは、やがて世界が終末を迎え、神の国が地上に到来する――とパスカルは信じている――までの間、彼らに課せられた試練である。パスカルは『プロヴァンシアル』「第一四の手紙」のなかで、こう語っている。

教会はつねにその子どもたちに、〔…〕たとえ不正であっても、法官や上位者には服従しなければならないと教えてきました。なぜなら、彼らのなかに、われわれの上位に彼らを置いた神の力を見て、それを尊重しなければならないからです[1]。

『パンセ』にはこんな断章がある。

現象の理由。

段階的推移（Gradation）。民衆（peuple）は高貴な生まれの人々を敬う。未熟な知者（demi-habiles）は、生まれという優越はその人物によるのではなく偶然によるのだと言って、彼ら貴族を軽蔑する。知者（habiles）は、民衆の考えではなく、裏の考えに従って、貴族を敬う。知識よりも熱情にまさる篤信家（dévots）は、貴族が知者たちによって敬われている理由を知りながらも、貴族を軽蔑する。篤信家は信心によって与えられた新たな光によって判断するからだ。だが、完全なキリスト者（chrétiens parfaits）は、さらに別の上位の光によって、貴族を敬う。

こうして、人が光を多く与えられるにつれて、意見は正から反へと順に変化する。

（S124-L90-B337）

貴族と自称する人々が国家を支配することに何ら必然性はないが、現にそうなっている以上は受け入れなければならない――これがパスカルの考えである。それゆえ、教養のない「民衆」は、貴族のなかに支配者たるにふさわしい内在的な徳や権威を錯視してしまうが、貴族に従うという点では正しい。逆に、中途半端な知者は、貴族による支配が歴史の偶然によって生じたにすぎないことを知っているという点では正しいが、権力者に異を唱え、現今の秩序を乱すという過ちを犯す。真の知者こそが、貴族に権勢をふるわせる法制度の無根拠さを知りながら、正当にもその現状を容認するのである。ここでの真の知者の思考を、パスカルは「裏の考え（pensée de derrière）」と呼んでいる。目に見える現象に対して直接的で直情的な反応を慎《つつし》み、広い視野と長期の展望に立って取るべき行動を導き出す粘り強い思考のことである。

> 裏の考えをもち、それをもってすべてを判断し、それでいて民衆と同じように語らねばならない。（S125-L91-B336）

こうした知性に対して、信仰はさらに上位の判断力を付与する。だが、その信心にも二段階がある。あまりに激しい宗教的熱情に知恵の目を曇らされてしまっている「篤信家」は、神の国の理想に照らして現今の政治体制を糾弾し、社会に混乱を引き起こすことで、「未熟な知者」と同じ轍を踏んでしまう。その意味で、彼らは「未熟な信者」にすぎない。イエス自身が「皇帝のものは皇帝に、神のものは神に返しなさい」と語ったように、信仰を極めれば、国家への服従は神への服従と矛盾しないこと（現代風に言えば政教分離の原則(2)）を悟るのである。「完全なキリスト者」はまさにその境地にある。

要するに、ここでパスカルが戒《いまし》めているのは、秩序の混同、すなわち「圧政」である。先に見たとおり（本書「7　三つの秩序」）、「身体」、「精神」、「慈愛」からなる「三つの秩序」のそれぞれは自律的な領域であり、他の原理による支配を受けつけない。政治という営為は「身体の秩序」の統制下にある。右で見た「未熟な知者」は知性が、「篤信家」は信心が、政治改革に有効だと信じているが、前者は「精神の秩序」と「身体の秩序」を、後者は「慈愛の秩序」と「身体の秩序」を、それぞれ混同しているのである。学問も宗教も、政治に対して口を出すのは不正にほかならないのだ（もちろん逆もしかりである）。「民衆」は「身体の秩序」の内部にいて、その世界しか見ていない。ゆえに、彼らにとって、王や貴族はその地位のとおりに威光を放つ存在である。一方、「完全なキリスト者」は、「慈愛の秩序」から「身体の秩序」という別世界を眺めている。彼らははるか彼方の世界の倒錯を知りながら、慎ましく介入を控えているのである[3]。

こうして、「民衆」、「未熟な知者」、「知者」、「篤信家」、「完全なキリスト者」のなす知恵と信心の階層のなかで、最下層に位置するのが「民衆」であるが、その無知こそが、結果的に国家の秩序の安定を保証している。

王たちの権力は、民衆の理性と愚かさ（folie）によって成り立っているが、愚かさのほうにずっと大きく依存している。（S60-L26-B330）

誤った思考から導かれたとはいえ、「民衆の意見」は、「健全」と評価される（S128-L94-B313, S129-L95-B316など）。逆に、民衆に浅知恵を身につけさせれば、国家にとって危険な結果を招きかねない。それゆえ、パスカルは、「人々の幸福のためにこそ、しばしば彼らをあざむくべし」と語る「もっとも賢明な立法家」（プラトン）を支持するのである（S94-L60-B294）。

このような発想から、理性の光によって社会的不平等を告発し、ついには革命を引き起こすきっかけとなった啓蒙の精神までの距離は、あまりに遠い。もっとも、パスカルには民衆を侮蔑する意図はない。その反対である。これについては別の章で見よう（本書「32　無知」）。

注

（1）*14*^{e} *Prov.*, *FS*, p. 511（『著作集』⑷九七頁）。

（2）この点については、次を参照。塩川徹也『パスカル『パンセ』を読む』岩波書店（岩波セミナーブックス）、二〇〇一年、一七〇―一七六頁。Gérard Ferreyrolles, *Pascal et la raison du politique*, Paris: Presses Universitaires de France, 1984, pp. 215-246.

（3）もっとも、『大貴族の身分に関する講話』「第二の話」に即して言えば、「民衆」と「完全なキリスト者」が貴族に対して与える敬意の種類は異なる。貴族に対して「民衆」が捧げるのが「自然的敬意（respect naturel）」であるのに対し、「完全なキリスト者」が捧げるのは「制度的敬意（respect d'établissement）」にすぎない。次を参照。*Discours sur la condition des grands*, *II*^{e} Discours, *MES*, IV, pp. 1032-1033（『全集』⑵四六七―四六八頁）。

23　多様性と変化

『パンセ』には、一読しただけでは何のためにあるのかさっぱりわからない断章も多い。次もそのひとつだろう。

多様性。

神学はひとつの学問だが、それは同時にいくつの学問だろうか。人間はひとつの実体であるが、もしこれを解剖すれば、それは頭、心臓、胃、血管、ひとつひとつの血管、血管のひとつひとつの部分、血、血の成分としての体液となるだろう。

都市と田舎は、遠くからであれば都市と田舎であるが、近づくにつれてそれは、家々、木々、瓦、葉、草、蟻《あり》、蟻の脚となり、無限に変化していく。これらすべてが、田舎という名のもとに包含されているのだ。(S99-L65-B115)

事物はひとつのものに見えても、実際はきわめて多様な部分からなっているという。だが、それがどうしたというのだろう。

ルイ・マランという哲学者は、これを人間の事物認識の破綻を示唆するものと解釈した。(1)人間はある対象を理解するためにその対象のどこかの部分を見ようとするが、分割をくり返していくと、部分と全体の間にも、部分相互の間にも、いかなる同質性も見いだせなくなり、結局は無秩序に陥る。たしかに、体液から人間という実体を、蟻から都市全体を理解するのは困難だろう。人間にとって自然はこの上なく豊かで変化に富んでいるが、そのような多様性は混沌と同義である。次もよく似た観察だ。

多様性はまことに豊かであるため、声の調子、歩き方、咳《せき》の仕方、洟《はな》のかみ方、くしゃみの仕方のすべてに違いがある。人は果物のなかから葡萄《ぶどう》を見分け、そのなかからマスカットを、ついでコンドリユーを、ついでデザルグを見分け、さらにこの接ぎ木を見分ける。それでおしまいだろうか。この接ぎ木は、まったく同じ房を二つ生み出したことがあるのだろうか。また、ある房にまったく同じ二つの粒が生《な》ったことはあるのだろうか。(S465-L558-B114)

コンドリユーは、ワインの産地として有名なリヨン郊外の小村。デザルグは、パスカルの友人の数学者ジラール・デザルグが所有する農地のことだ。ここでパスカルは、唯名論的立場を表明している。「葡萄」と呼ばれる個物相互の間に厳密な同一性は存在しない。「葡萄」なる普遍概念は虚構である。そんな概念に頼る人間の認識は、はなはだ不正確である。人間の認識は自然の実像を把握するには至らない。

このような事物のはてしない多様性は、それを認識する人間自身の多様性にも対応している。パスカルは、『幾何学的精神について』第二部の「説得術について」という論文のなかで、男女、貧富、身分、職業、健康状態によって、何を快と感じるかは異なる、と述べている。しかもそれは、ちょっとした偶発事によっても変化する。さらに言えば、ひとりひとりの人間も瞬間ごとに変化しており、時間を経ると人は別人になる。[2]『パンセ』にはこんな観察が見られる。

二十歳のときのあの私は、もはや私ではない。(S773-L欠-B欠)

時間は苦しみや争いを癒やす。人は変わるからだ。誰もがもはや同じ人間ではない。けんかを売ったほうも売られたほうも、もとの自分ではない。それはちょうど、かつて怒らせた民と二世代を経て再会するようなものだ。彼らはフランス人だが、同じフランス人ではない。(S653-L802-B122)

人間という集団に共通の資質はおろか、時間を通じた各人の同一性も見いだしがたい。それほど人間は多様である。

ところで、パスカルは、右で見たこととは矛盾するように、自然が均一であること、ひとつの法則によって生成していることをも示唆している。

自然は自分を模倣する。よい土地にまかれた種は実を結ぶ。よい精神にまかれた原理は実を結ぶ。数は、かくも性質の異なる空間を模倣する。すべては同一の主によってなされ、導かれる。根、枝、果実、原理、結果。(S577-L698-B119)

自然はつねに同じことをくり返す。毎年、毎日、毎時。空間も同様だ。数はひとつまたひとつと連なっている。こうして無限や永遠のようなものが生まれる。(S544-L663-B121)

どういうことだろうか。それは、神は宇宙を単純で均一なものとして造ったが、たえず変化にさらされた人間には、それが多様で複雑なものに映る、ということではないか。神が人間のために現象を多様に見せているのだ。

神は、多様性を求めるわれわれの好奇心を満たすために、唯一の掟である慈愛に多様性を与えた。この多様性が、われわれを、われわれにとって唯一必要なものへと導くの

である。（S301-L270-B670）

人間は原罪をきっかけに、秩序と平和の無時間的楽園から、混沌と葛藤の現世へと堕落した。以後、人間の日常は変化と運動に支配されている。人間は善行を通じて、かつて過ごした均一性と安定と秩序に満ちた楽園への回帰に努めるのである。

それにしても、そんな楽園は本当に楽しいのだろうか。変化のない日常も退屈なものではないか。パスカル自身もこう記している。

われわれの本性は運動にある。完全な休息は死である。（S529bis-L641-B129）

注

（1） Louis Marin, *La Critique du discours: sur la « Logique de Port-Royal » et les « Pensées » de Pascal*, Paris: Minuit, 1975, p. 129 *sq.*

（2） *De l'esprit géométrique*, « De l'art de persuader », *MES*, III, pp. 416-417（『幾何学的精神について』「説得術について」、『全集』⑴四一七頁）。

24　快のモデルと自然な弁論

すでに見たように、パスカルは、読者を効果的に説得するための論述のあり方について、あれこれと思索をめぐらせていた（本書「18　順序」参照）。その際、彼はいかにして相手に快を与えるかを重要視している。快の原理は何によって成り立っているのか。

快と美についてはあるモデルが存在するのであって、それは、弱いにせよ強いにせよ、あるがままのわれわれの本性と、われわれの気に入るものとの間にあるなんらかの関係によって成り立っている。（S486-L585-B32）

詩の目的である快が何にあるのかということは知られていない。模倣すべき自然のモデル（modèle naturel）が何かということを、人は知らないのだ。それを知らないばかりに、いくつかの奇妙な用語がつくられた。「黄金の世紀」、「現代の驚異」、「運命的な」などなどである。そして、このような隠語が、詩的な美と呼ばれているのだ。

ところで、この場合のモデルは、小さなことを大げさな言葉で表すことによって成り立っているわけだが、このモデルに則った女のことを想像してみれば、それは鏡や鎖で全身を飾った美女になることがわかり、笑ってしまうだろう。というのも、人は詩の快とは何かということよりも、女の快とは何かということのほうを、よく知っているからである。(S486-L586-B33)

パスカルは、人が快や美を感じる対象、および不快や醜を感じる対象には、それぞれなんらかの「モデル」が存在すると考えている。「モデル」とは、いわば共通の原理、潜在的な構造のことである。その原理は、われわれ人間に共通の「本性」(原語の《nature》は「自然」とも訳せる)に由来するという。右の一節で彼は、誇張された表現や、女性の過剰に着飾った身なりを不快であると判断している。彼にとって、不快のモデルを成り立たせる主要な要素のひとつは、形式と内容、見かけと現実の乖離にある。ゆえに、それと対立関係にある快のモデルに適った表現は、何よりもまず両者の均衡を保つこと、より正確には、現実に合致するように見かけを簡素化することによって得られるはずである。快のモデルは、簡素さ、修飾のなさ、つまりは自然さにある。

右で快のモデルが「自然のモデル」と言いかえられているのは偶然ではない。快のモデルは「自然」であるからこそ普遍的であり、人々に共有される。ただ、それはあまりにも身近なために見過ごされてしまっている。次は、「説得術について」のなかの一節だ。

よいものほど、どこにでもあるものはない。それを識別することこそが大事なのだ。よいものはすべて自然で、われわれの手の届くところにあり、すべての人に知られてさえいることは確かだ。だが、それらを識別できないのである。(1)

こうして、パスカルが目指した説得術は、「自然」すなわち簡潔さに基づいたレトリック、見かけと現実とを可能なかぎり一致させるレトリックのことである。彼はしばしば、文章表現における美辞や畳語の使用、同内容の反復を批判している。「長ったらしい雄弁は疲れさせる」(S636-L771-B355)のであり、「シャロン〔『知恵について』(一六〇一年)の著者〕の分類」のように不必要に複雑な分類は「つらくさせるし、飽きさせる」(S644-L780-B62)のである。

自然な弁論は、平易で簡潔でありふれた表現の背後に、傲慢や気取りを排したひとりの真率な人間の存在を感じさせ、聞き手に語り手に対する親近感と信頼を抱かせる。

　自然な文体を見ると、人はとても驚いて、うれしくなる。著者が見えるだろうと思っていたのに、ひとりの人間を見つけるのだから。(S554-L675-B29)

このとき語り手は、自分が語る内容が正しいことをくどくど説明したり、幾何学者のように理詰めで論証したりする必要はない。いまや相手は、みずから真理を知ろうと努めるからである。

自然な弁論がある情念や現象を描くとき、人は自分自身で、いま聞いていることが真実であると悟る。それは、自分のなかにあるとは知らなかった真実である。そうして人は、そのような真実を感じさせてくれた相手を愛するようになる。なぜなら、その人は、自分にとっての善を見せつけたのではなく、われわれにとっての善を見せてくれたからである。このようにして、われわれと語り手の精神が通じ合うことで、必然的にわれわれの心が相手を愛するように傾けられるだけでなく、この恩恵のおかげで、われわれは相手を好ましく思うようになるのである。(S536-L652-B14)

パスカルが実践しようとしているのは、「自然」の原理に基づいた表現や文体によって、語り手が自分に対する愛を聞き手に抱かせ、自分の主張を相手におのずから信じさせるレトリックである。

しかし、そうだとすれば、これは巧妙な誘惑や口説きのテクニックだとも言える。他方で、「自我は憎むべきもの」という信念をもつパスカルは、こうも語っていた。

人に私を愛させるのも、人が私に執着をもつようにしむけるのも、私の罪になる。(S15-L396-B471)

この矛盾に、パスカルはどう向き合ったのだろうか。

注

（1）*De l'esprit géométrique*, « De l'art de persuader », *MES*, III, p. 427（『幾何学的精神について』「説得術について」、『全集』⑴四二五頁）。

25 オネットム

「オネットム（honnête homme）」は、一七世紀フランスにおいて理想視された人間像である。教養と審美眼に長《た》け、礼節をわきまえ、機知のある会話で人を楽しませる紳士、控えめで、社会秩序を守り、何ごとにおいても中庸を逸脱しない常識人のことだ。ルネサンスにおいて好まれた超人的な英雄像とは対極にある。パスカルは、父の死（一六五一年）と妹ジャクリーヌのポール＝ロワイヤル修道院入り（一六五二年）に続く数年間、宗教と離れた生活を送ったが、そのころ知り合った友人のなかに、パリ社交界の寵児シュヴァリエ・ド・メレがいた。のちに「紳士らしさ《オネットテ》（honnêteté）」の理論家として知られるようになる人物である（パスカルに賭博を中断したときの分け前の計算法について相談したのも彼だった）。彼によれば、オネットテとは、何よりもまず「人の気に入られる」術であった。(1) パスカルは、メレから多大な影響を受けている。

パスカルにとって、オネットムは、幅広い知識と関心をもちながらも、何かの専門家であってはいけない。

彼は数学者だとか、説教家だとか、雄弁家だなどと言われるのではなく、オネットムだと言われるようでなければならない。私が好むのは、この普遍的な性質だけだ。ある人を見て、その著書が連想されるようであれば、悪い兆候である[2]。（S532-L647-B35）

この普遍的性質は、他者への奉仕に役立つ。専門家は衒学的になりがちで、他者に威圧感や嫌悪感を与えるばかりか、まれにしか頼りにならない。オネットムは、いつでも快く人の要求に応えてくれる。

> 人間は欲求でいっぱいで、それをみな満たしてくれる人だけを好む。「彼は優れた数学者だ」と言われる。だが、私は数学になど用はない。彼は私をなにかの命題と取りちがえるかもしれない。「彼は勇敢な兵士だ」と言われる。だが、彼は私を包囲された要塞と思いこむのではないか。だから、私の欲求のすべてに何でも応えてくれるオネットムが必要なのだ。（S502-L605-B36）

オネットムは、人に快を与えることでみなから愛され、気に入られる存在である。そのとき彼は、人に親切に接することで、実はその親切さをひけらかしている。彼は、ちょうどダミアン・ミトンがそうだったように、無意識におのれの罪深い自己愛を満たしているのだ（本書「16　自我は憎むべきものである」参照）。オネットムは、柔らかな物腰の奥に傲慢さを隠している。人気者であるというのは稀有な資質であって、それだけにいっそう、彼は自分をひそかに誇っている。「人は、ほかのどんなことを知っていても、自分がオネットムであることほどには自慢しない」（S643-L778-B68）。それゆえ、オネットテは、宗教の観点からすれば、非難されこそすれ、称賛される資質ではありえない。

人を同時に愛すべきであり、かつ幸福なものとするのは、キリスト教だけである。オネットテにおいて、人は同時に愛すべきであり、かつ幸福なものとはなりえない。
（S680-L426-B542. 強調は原文）

人間が真に愛すべきは神だけであるのに、オネットムは、その愛を自分に向けさせようとする。彼は知らず知らずのうちに神に背《そむ》くという重大な罪を犯している。

さて、前章で、パスカルの構想する弁論が、素朴で自然な語りによって聞き手の心のなかに快を抱かせることを理想としているのを見た。つまるところ、パスカルは読者に対して、オネットムとしてふるまおうとしているのだ。みずから罪深いと知る行いを、彼はどのように正当化したのだろうか。(3)

この点について、パスカルが『キリスト教護教論』を偽名で刊行しようとしていたという事実は示唆的である。彼は、読者を魅了する魔術的な弁論を操りながら、それによって喚起される読者の愛や称賛が自分に向けられるのを避けるために、架空の著者サロモン・ド・テュルティを身代わりに立てたのかもしれない。『パンセ』には、まさにこの人物の書く文章をほめる一節がある。

エピクテートス、モンテーニュ、サロモン・ド・テュルティの書きぶりは、もっともよく用いられ、もっともよく心に染みわたり、もっともよく記憶にとどまり、もっともよく引用される。なぜなら、それは生活の日常の話題から生まれる思考だけでできているからだ。（S618-L745-B18）

だが、これでパスカルは免罪されるだろうか。私はこの箇所を読むたびに、パスカルの人間らしさを垣間見る気がして、いとおしくなる。テュルティがほめられてほくそ笑むのはあくまでもパスカルであって、この一節は、やはりどう見てもパスカルの自画自賛である。自己愛は、パスカル自身が逃れようとして、結局は逃れられなかった罪である。

しかも、次のように記す彼は、当然その罪を自覚している。

虚栄心というものは、人間の心にきわめて深く根づいているのであって、兵士も、従卒も、料理人も、人足も、ことごとく自慢し、自分をほめる人を求める。哲学者ですら同様だ。虚栄心への批判を書く人も、上手に書いたという称賛をほしがる。その文章を読む者も、それを読んだことへの称賛を求める。こんなことを書いている私も、おそら

くそんな欲望をもっており、私の文章を読む人々もまた、おそらく……[4] (S520-L627-B150)

注

（1） 次を参照。Jean Mesnard, *Les* Pensées *de Pascal*, 2e éd., Paris: Société d'Edition d'Enseignement Supérieur, 1993, pp. 105-137.

（2） 「人は普遍的ではありえない、つまり、すべてのことについて、知りうるすべてを知ることができない。そうである以上、すべてのことについて少しずつ知らなければならない。なぜなら、すべてのことについて何かを知るのは、ひとつのことがらについてすべてを知るよりもずっと美しいからである。このような普遍性こそが、もっとも美しい」(S228-L195-B37. 原稿では横線によって抹消されている)。

（3） この問題に関して、ロラン・シュジーニは、精密な考証を経て、次のように結論している。パスカルの文章のなかには、「世俗的な雄弁」（オネットムによる弁論）と「宗教的な雄弁」（キリスト者の弁論）という、文体上はよく似ているが、二つの異なった弁論が区別できる。パスカルは最終的に、後者によって前者を統御している。文体の陽気さ、「自然さ」によって快を与えるという行いは、その文章が説く「真理」によって正当化される (Cf. S547-L667-B25)。次を参照。Laurent Susini, *L'Ecriture de Pascal: la lumière et le feu. La « vraie éloquence » à l'œuvre dans les* Pensées, Paris: Honoré Champion (« Lumière Classique »), 2008, pp. 347-465.

（4） 「名誉はあまりにも甘美なので、それがどんなものと結びついていても、たとえ死と結びついていたとしても、好まれるものだ」(S71-L37-B158)。

26　考えない葦

前にも一部を引用したが、次は、『パンセ』のなかで、おそらくもっともよく知られた一節だろう。

> 人間は一本の葦にすぎない。自然のなかでもっとも弱いものである。だが、それは考える葦である。これをおしつぶすのに、宇宙全体が武装するにはおよばない。わずかな蒸気、一滴の水さえあれば殺すことができる。だが、たとえ宇宙が人間をおしつぶしたとしても、人間は彼を殺す当のものよりずっと気高い。なぜなら、彼は自分が死ぬことを知っており、宇宙が彼に対してもつ優位を知っているからだ。宇宙はそんなことをまったく知らない。(S231-L200-B347)

人間は「考える葦」であり、人間が人間たるゆえんは、その「思考」の行使にある。——これは一見したところ、少し気の利いた人間への讃辞ととらえられるかもしれない。たしかに、この続きには、「だから、われわれの尊厳のすべては思考にある」(S232-L200-B347)[1]という一文が置かれている。

だが、実はこれは、正しく知性を使わない人間への警告である。人間の尊厳は「思考」そのものにあるのではない。ただ考えればよいというものではないのだ。「考える葦」と題された別の断章にはこうある。

> 考える葦。
>
> 私が自分の尊厳を求めなければならないのは、決して空間によってではなく、私の思考の規制によってである。私は、多くの土地を所有したところで、なんら優位をもつことにはならない。宇宙は私を空間によって包みこみ、一点のように飲みこむ。私は宇宙を思考によって包みこむ。(S145-L113-B348)

「思考の規制」とは、思考を正しく導くこと、思考を正しい秩序に従わせることである。パスカルは、あくまでも思考の能力の正しい行使を、「道徳」あるいは義務として求めている。そもそも「尊厳」の原語«dignité»には、「義務」、「適合性」という含意がある。[2] ここでは、人間がそのような義務を怠っているという認識が示唆されている。[3] よく考えることとは、多くの土地を所有したり人々を権力で支配したりするための方策を考えることではない。

一方、パスカルにとって人間が「偉大」なのは、「自分が悲惨であることを知っている」

からであり（S146-L114-B397）、人間が「気高い」のは、「自分が死ぬことを知っている」からである（S231-L200-B347）。人間にとって悲惨なこととは、自分がいつか死んでしまうという事実にほかならない。人間の尊厳とは、したがって、早晩訪れるみずからの死に思いを致し、その後のみずからの行く末について考えることにある。次の一節はそのことを説いていると言えるだろう。

> 人間は明らかに、考えるためにつくられている。それは彼の尊厳のすべてであり、彼の長所のすべてだ。そして、彼の義務のすべては、正しく考えること（penser comme il faut）である。そこで、考えの順序は、自分から、自分の創造主、自分の目的から始めることである。（S513-L620-B146）

パスカルにおいて、自分の悲惨さを知ることとは、自分がいずれこの世から消えてしまうことを前提に、いまあるべき「自分」について考えることであり、将来の「自分の目的」（原語の《sa fin》は「自分の終わり」、すなわち「自分の死」という意味にも解しうる）について考えることでもある。[4] ここで同時に「自分の創造主」、つまり神が挙げられているのは、その存否が「自分の目的」（「自分の終わり」）に直接関連することになるからだ（この点については、本書「40　来世を望むこと」で明らかになるだろう）。

「だが」とパスカルは続ける。

だが、人々は何を考えているだろうか。そんなことは決して考えない。踊ること、リュートを弾くこと、歌うこと、詩をつくること、輪取り遊び〔馬に乗ったまま杭《くい》の先につるされた輪を槍の先で取る競技〕をすることなどなど、あるいは、戦うこと、王になることを考えている。王であるとはいかなることか、人間であるとはいかなることかは考えずに。(S513-L620-B146)

人間はまったくものを考えていないのではない。それどころか、踊り、演奏、詩作、遊技、戦闘、昇進をうまく行うためであれば、ときに寝食を忘れて思考を働かせる。しかし、それは人間にとって正しい思考のあり方ではない。人間の義務は、自分が死すべき存在であるという悲惨な運命を自覚することである。これを怠《おこた》ることによって、人間はその「尊厳」を失っている。

人間は、「考えない葦」なのだ[5]。

注

(1) この断章S232はパスカルの手稿原稿には含まれておらず、両写本(第一写本、第二写本)によってのみ伝えられているが、写本では前断章S231の直後に置かれていることから、S231とS232との間の論理的なつながりは明白である。第一写本では両断章の間に短い横線が引かれて区切られているが、第二写本にはそれも不在である。セリエとは異なり、ラフュマとブランシュヴィックは、両断章を合わせて一断章とみなしている。

（2）　次を参照。Jean-Luc Martinet, *Montaigne et la dignité humaine: contribution à une histoire du discours de la dignité humaine*, Paris: Eurédit, 2007, pp. 17-18.

（3）「思考。人間の尊厳のすべては思考にある。だが、この思考とはなんだろうか。それはなんと愚かなものだろうか」（S626-L756-B365）。塩川徹也氏は、人間の思考がその高貴な本性とは裏腹の結果を生み出してしまうという事実が、パスカルによってくり返し示唆されていることを指摘している。次を参照。塩川徹也『発見術としての学問――モンテーニュ、デカルト、パスカル』岩波書店、二〇一〇年、第四章「パスカルにとって〈パンセ〉とは何であったか」一三二―一三五頁。

（4）　次の断章における「自分自身を知ること」も、自己の悲惨な現状を知り、自己の行く末について考えることという意味に理解できる。「自分自身を知らなければならない。そのことが仮に真理を見つけることに役立たないとしても、少なくとも、自分の生き方を規制することには役立つ。これ以上に正しいことはない」（S106-L72-B66）。ここで、「自分の生き方を規制する（régler sa vie）」とは、自己のありうべき将来を見つめた上で、そのような未来を目指して正しく生きることである。パスカルにとって、「自分自身を知ること」は、結局のところ、右で見た「思考の規制（le règlement de ma pensée）」および「正しく考えること（penser comme il faut）」と同じ事態を表している。

（5）　葦といえば、イソップ（アイソーポス）に「樫と葦」という寓話がある（それをのちにラ・フォンテーヌが長編詩に改作している）。パスカルは葦を「自然のなかで最も弱い」と言うが、ここでは葦の意外なたくましさ、しなやかさが描かれていてほほえましい。「アリとキリギリス」、「北風と太陽」ほどは知られていないが、それと同じくらいによくできた、子どもに読み聞かせられるべき寓話である。次を参照。イソップ「樫と葦」、『イソップ寓話集』中務哲郎訳、岩波書店（岩波文庫）、一九九九年、七二頁。

ラ・フォンテーヌ「カシの木とアシ」、『寓話』上、今野一雄訳、岩波書店（岩波文庫）、一九七二年、一〇九―一一一頁。

27　気晴らし

人間の尊厳は、いずれは死んでしまうというおのれの悲惨な境遇を正面から見つめることにある。人間はその義務を怠《おこた》る「考えない葦」である。

そればかりか人間は、みずからの悲惨さから積極的に目をそらすために、さまざまな活動に身をやつしている。これがパスカルの考える「気晴らし」の状態である。次の一節はあまりにも有名である。

気晴らし。

人間がさまざまに動き回るさま、宮廷や戦争で身をさらす危険や苦労、そこから生じるあれほど多くの言い争い、情念、無謀でしばしば悪いたくらみなどについてときおり考えてみるにつけ、私はしばしばこうつぶやいた。すなわち、人間のあらゆる不幸はただひとつ、部屋で休んでいられないということから生じるのだ、と。（S168-L136-B139）

パスカルはこの性癖を、人間の悲惨の根源とみなしている。

われわれの悲惨を和らげてくれる唯一のものは気晴らしである。しかし、それこそがわれわれの悲惨の最たるものである。なぜなら、これこそが、われわれが自分について考えることを妨げ、われわれを知らず知らずのうちに滅ぼしてしまうからだ。(S33-L414-B171)

「気晴らし」は、なぜ人間にとって不幸なのだろうか。

それは第一に、気晴らしにおいて、その手段と目的が転倒してしまっているからである。人は「賭けごと、女性たちとの会話、戦争、手柄《てがら》」に熱中するが、「そこに実際に幸福があるわけでもなければ、真の至福が賭けごとにおいて得られるお金や、追いかける兎にあると人が考えているわけでもない。誰かがくれるとしたら、そんなものはほしくないだろうからだ」(S168-L136-B139)。われわれはさまざまな活動を、なんらかの目的をもって行っている。それを達成するための努力や苦労の先に幸福が待っていると思いこんでいる。にもかかわらず、そのような未来の幸福を保証している対象がいますぐ無条件で与えられることを望まない。「人は獲物よりも狩りのほうを好む」(S168-L136-B139)。パスカルによれば、それは、獲物そのものは、忍び寄る死からわれわれの目をそらすことができないからだ。気晴らしにおいて真に求められているのは、目的ではなく手段、未来の幸福ではなく現在の楽しみである。

気晴らしが悲惨である第二の理由は、それが人間を「騒ぎ」のはてしない連続に追いやる点にある。人は、いま取り組んでいる活動の目的が果たせたら休息が待っている、と信じこんでいる。だが実際は、その活動自体が真の目的であるため、それを終えてしまうと、新たな目標を立てることで、また別の仕事に着手せざるをえなくなる。

人はさまざまな障害と闘いながら休息を求める。だが、障害を乗り越えたとたん、休息は、それが生みだす倦怠によって耐えがたくなってしまう。休息から抜け出して、騒ぎを求めなければならなくなるのだ。(S168-L136-B139)

このような循環を生み出しているのは、人間の「欲望の満たされない性質」(S168-L136-B139)である。広い家に住む者がより豪華な屋敷を望み、恵まれた地位にある者がさらに上の役職を目指すというように、欲望は満たされるとまた別のより獲得が困難な対象を求め、そのつど肥大化する。それにつれて「騒ぎ」、つまり苦労もまた大きくなっていく。

そして、パスカルが気晴らしを人間の不幸の根源として断罪する第三の理由は、彼がその根本的な原因を、人間の自己愛に認めている点にある。

人はいったい何が目的でこんなことをするのか、とあなたは言うかもしれない。それは、翌日友人たちの間で、自分が誰よりもうまく活躍したと自慢するためなのだ。

ヴォルテール

(S168-L136-B139)

パスカルによれば、学者が書斎で奮闘するのは、誰にも解けなかった数学の問題を解いたことを仲間に示すためであり、兵士が命を危険にさらしてまで敵陣に攻めこむのは、あとで戦功を人に誇りたいからにほかならない。気晴らしは、結局のところ他者に対する自己の優越を示す欲望、すなわち自己愛を究極の動因としている。これまでにも見たとおり、自己愛は、「支配欲」と同一視される最大の邪欲である。人間の尊厳を示す「思考」とは、そのようなものを叶えるためのものではない。

とはいえ、ではどうすればよいのか。「気晴らし」は人間のありとあらゆる活動を含んでいる以上、パスカルは人間に生きるなと言っているに等しい。ヴォルテールは、『哲学書簡』のなかで、『パンセ』の著者を「崇高な人間嫌い」と評し、激しく糾弾しているが、とくに次の言い分には誰もが首肯するのではないか。

> 火が上に向かい、石が下に向かうのと同じように、人間は活動のために生まれてくる。人間においては、いかなる活動も行わないことと存在しないことは同じ意味であ

る。[1]

この秘かな本能〔気晴らし〕は、社会の第一原理にして必要な基盤であって、むしろ神の善意に由来し、われわれみずからの悲惨に対する意識というよりは、むしろわれわれの幸福の手段なのである。[2]

だが、パスカルはまさにそんな常識は百も承知で、あえてそこから目を覚まさせようとしているのだ。彼にとって、人間の幸福は、「気晴らし」どころか、それとは反対に、おのれの悲惨な運命を直視することによって得られる。どういうことか。これについては、のちの章で明らかになるだろう（本書「28　メメント・モリ」、「38　賭け」、「40　来世を望むこと」）。

注

（1） Voltaire, *Lettres philosophiques*, édition critique par Olivier Ferret et Antony McKenna, Paris: Classiques Garnier（« Bibliothèque du XVIIIe siècle »）, 2010, Lettre XXV, Remarque XXIII, p. 177（ヴォルテール『哲学書簡　哲学辞典』中川信・高橋安光訳、中央公論新社（中公クラシックス）、二〇〇五年、二八九頁）。

（2） *Ibid.*, Remarque XXIV, p. 177（同書、二九〇頁）。

コラム４　パスカルと偽名

パスカルは晩年、著作の公刊に際して、三つの偽名を使い分けようとしていた。

ひとつは、『プロヴァンシアル』の著者名としての「ルイ・ド・モンタルト（Louis de Montalte）」である。本作は、一八通の手紙（と未完の第一九の手紙）からなる。最初の一〇通は架空の田舎の友《プロヴァンシアル》に、次の六通はイエズス会の神父たちに、最後の二通はイエズス会最大の実力者アンナ神父に宛てた体裁をとる。一六五六年一月の第一信に始まり、手紙は一通ずつ順番に印刷に付され、一六五七年の春に第一七信までの手紙がまとめて刊行された（第一八信はのちに付加される）。モンタルトの名は、この合本刊行時に初めて使用される。王権、教権の双方を敵にまわすような内容であったため、官憲によって懸命の著者捜しが行われた。偽名使用の主目的は、逮捕を逃れるためであった。

二つ目は、サイクロイド（ルーレット）問題のコンクールに関する報告文集『A・デトンヴィルの手紙』の筆者名「アモス・デトンヴィル（Amos Dettonville）」である。先にも述べたが（本書「21　知識の空しさ」）、サイクロイドとは、一直線上をひとつの円が回転するとき、円周上の一点が描く軌跡のことだ。パスカルはある日、歯痛の苦しみを紛らすために、この曲線に関するいくつかの難問（これを軸の周りに回転させてできる立体の体積を求める問題など）に取り組み、数日のうちに解答に至る。そこで彼は、友人のロアネーズ公爵の勧めに従って、ヨーロッパ中に、この問題を解いた者に賞金を与えると告知した。『A・デトンヴィルの手紙』は、このコンクールに関する説明文書や報告書をまとめたもので、刊行は一六五九年である。

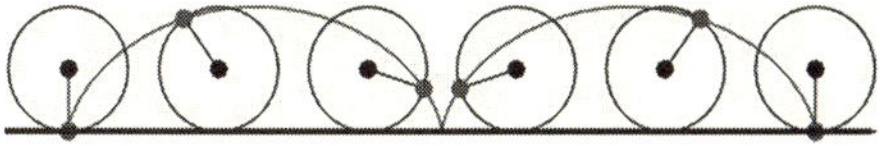
サイクロイド

数学研究自体もそうだが、自己の優越性をひけらかすともとられかねないコンクールの主催は、決定的回心（一六五四年）を経たのちのパスカル（本書「35　メモリアル」参照）にとっては、みずからの宗教的信念と矛盾する行為であることは明白である。ここでの偽名の使用は、罪悪感の軽減のため、もしくは、パスカル本人とは独立した行いであると自分で納得するためだったのではないか[1]。

そして、三つ目の偽名が、『パンセ』の一断章にのみ登場する「サロモン・ド・テュルティ（Salomon de Tultie)」だ。これは『キリスト教護教論』の著者名になるはずだったと考えられている。サロモン（ソロモン）は、古代イスラエルの最盛期を築いた聖王であり、比類のない賢者とされた人物である。一方「テュルティ」の由来は不明だが、「愚かさ」を意味するラテン語“stultitia”との音の類似性が指摘されている。すなわち、サロモン・ド・テュルティとは、知恵と愚かさの組み合わせである。これがパスカルの人間観（偉大にして悲惨）、ならびにキリスト教観（「矛盾。宗教の無限の知恵と愚かさ」（S697-L458-B588bis））に対応しているのは偶然ではないだろう。ここでの偽名使用の意図については、本書「25　オネットム」の章で推察したが、確かなことは言えない。

さて、以上三つの偽名をじっくり見比べてみよう。

Louis de Montalte
Amos Dettonville
Salomon de Tultie

これら三つはすべて同じアルファベットを使った文字列（アナグラム）である（uとvは同じ文字とみなす）。パスカルはこの事実を見ぬかれることを期待したはずだ。つまり、仮借のない論争家、優れた数学者、斬新な弁論を操る護教論者が同一人物であるのを知られることを期待していたということである。ここで想起されるのは、「25　オネットム」の章で引いた次の断章だ。

彼は数学者だとか、説教家だとか、雄弁家だなどと言われるのではなく、オネットムだと言われるようでなければならない。私が好むのは、この普遍的な性質だけだ。ある人を見て、その著書が連想されるようであれば、悪い兆候である。」（S532-L647-B35）

この三つの偽名をもつ人物ほど、オネットムと呼ばれるにふさわしい者はいまい。ただし、この人物とブレーズ・パスカルという名とはつながりようがない。この仕掛けにどういう意図があったのかは、やはり謎のままである。[2]

注

（1）このコンクールの複雑で興味深い顚末については、次を参照。ジャン・メナール『パスカル』安井源治訳、みすず書房、一九七一年、一四〇—一四三頁。

（2）本コラム執筆に際し、次を参照した。石川知広「狂愚の国のソロモン——パスカルの偽名について」、『人文学報』（フランス文学）、第四二〇号、首都大学東京都市教養学部人文・社会系、二〇〇九年三月、一—五〇頁。Michel Le Guern, « Pascal et les pseudonymes », in *id.*, *Etudes sur la vie et les* Pensées *de Pascal*, Paris: Honoré Champion (« Champion Essais »), 2015, pp. 198-207.

28 メメント・モリ

人間の尊厳は、おのれがやがて死を迎えるという運命を直視し、与えられた生をどのように生きるかを考えることにある。にもかかわらず人間は、その義務を怠《おこた》り、日々空しい気晴らしに興じている。——これがパスカルの観察であった。そこで彼は、読者にたえず死を想起させようと努めている。その際に彼は、人間がすぐそこにまで迫る死に目もくれないでのんきに過ごすことの愚かさを描き出す。その文章は、いずれも鮮烈なイメージに満ちていて、一度読んだら忘れられない。以下にいくつかの例を挙げておこう。

劇の全体がいかに美しくても、最終幕は血みどろである。最後には頭から土をかけられ、それで永遠におしまいだ。(S197-L165-B210)

われわれは、前が見えないように自分で目隠ししておいて、心おきなく断崖に向かって走っているようなものだ。(S198-L166-B183)

いく人かが鎖につながれていて、全員が死刑に定められていると想像してみよう。毎日何人かが仲間の目の前で首を切られていく。残りの連中は、仲間の姿を見ておのれの運命を知る。彼らは互いに顔を見合わせ、苦悩と絶望のうちに、自分の順番を待つのみなのだ！（S686-L434-B199）

獄中の男が、自分に判決が下されたかどうかを知らず、それを知るのに一時間の猶予しかない。ただ、もしそうと知ったら、一時間もあれば判決を撤回してもらえるとする。その場合、男がこの一時間を、判決が下ったかどうかを知るためでなく、カード遊びをするのに費やしたとしたら、自然に反するだろう。（S195-L163-B200）

いずれも恐ろしいが、この最後の一節にはまだ希望が感じられる。われわれにはまだ、その「一時間」――残された短い生――を有効に使う可能性が残されていることを告げているからだ。

ところで、『パンセ』には、パスカル自身を思わせる護教論者と、その反対の立場をとる不信仰者との対話からなる断章が含まれている。次は、そんな仮想的対話者のせりふの一部である。彼は、あえて「気晴らし」の生を選択することを宣言する。

私は、自分がいずれ死ぬことだけはよく承知している。だが、私の知らない最たるものは、まさに私が避けることのできない、この死そのものである。

　私は、自分がどこから来たのかも、どこに行くのかも知らない。私が知っているのはただ、この世を離れれば、永遠に無のなかに落ちてしまうか、永遠に怒れる神の手のなかに抱かれるかのいずれかだということだけである。だが、この二つの状態のうちのどちらが自分に与えられるのかは知らない。これが私の、きわめて無力で不安定な現状である。このことから、私はこう結論する。生涯のすべての日々を、やがて自分の身に何が起こるかなど考えずに過ごすことだと。私の疑問について、ひょっとするとなんらかの光を見いだすことができるのかもしれないが、そのために骨を折りたくはないし、その光を求めるための一歩を踏み出したくもない。しかるのちに、このような心配で頭を悩ませている連中を鼻で笑ってやりながら、何の予測も何の恐れもなく、あの大事件に挑んでみたい。そして、未来の永遠の状態がどんなものかについてはよくわからないいま、ふんわりと死まで運ばれてみたいものだ。(S681-L427-B194)

　これを受けてパスカルは、「こんなふうに語る者と、誰が友だちになりたいと考えるだろうか。〔…〕心配ごとがあったとき、誰がこの者に助けを求めるだろうか」(S681-L427-B194)と憤る。それは、この対話者が、やがて死んでしまうというみずからの置かれた悲惨な状態を知りながら、それに目をつぶって「ふんわりと」死を迎えると宣言しているからにほかならない。この人物は、人間の尊厳としての「思考」の義務(本書「26　考えない葦」参照）を怠っているのである。あたかも、先の引用文中に登場した、獄中でのんきにカードゲームに興じる男のように。

パスカルにとって「正しい思考」は、ちょうどこの対話者が放棄しようとしているものだ。それは、肉体の死後に自分が「永遠に無のなかに落ちてしまう」のか、それとも「永遠に怒れる神の手のなかに抱かれる」のか、すなわち、自分はまったくの無に帰すのか、それ

メメント・モリの図像。上：フィリップ・ド・シャンパーニュ《ヴァニタス》（1671年、ル・マン、テセ美術館）、下：ニコラ・プッサン《Et in Arcadia ego（アルカディアの牧人たち）》（1638-40年ごろ、ルーヴル美術館）

とも神から永遠の生命を与えられるのかという問いについて考えることである。言いかえれば、「人間の尊厳」とは、死後に魂の永遠の生を与えられるためには、どのようにこの地上の生を生きるべきかを考えることである。

この問いに対する答えはすぐには得られないし、解決の手がかりも見つかっていない。しかし、それでもなお、少なくとも「光を求めるための一歩を踏み出す」こと、これこそが人間の尊厳であり、義務である。パスカルにおいて「死を考える」――メメント・モリ――とは、そのような原理的に解決不可能な問いに取り組むことにほかならない。

ならば、「賭ける」しかないではないか。

29　ユダヤ人

『パンセ』において、「ユダヤ人」は、誠実で掟に忠実だが、愚かで強欲な民族である。この観念はパスカルが親しんだアウグスティヌスの著作から受けつがれたもので、おそらく彼自身の経験から導かれたものではない。彼はこの偏見に満ちたイメージを、キリスト教が真理であることの証明に役立てようとした。悪名高い「ユダヤ民族証人説」である。

旧約聖書には、互いに矛盾する記述が多数見いだされる。「たとえば『エゼキエル書』の第二〇章では、人は神の掟によって生きることができると言い、またそうして生きることができないとも言う」。だが、パスカルによれば、聖書のように著者の誠実さに疑いの余地がない場合、このような矛盾は見かけ上のものにすぎない。ゆえに、「聖書の意味を理解するためには、相反する箇所すべての筋が通るような意味を見つけなければならない」。そこで、象徴的解釈が要請される。「律法、生贄《いけにえ》、王国を現実のものとみなせば、すべての記述に一貫性を見いだすことができない。したがって、どうしてもそれらは象徴（figures）でなければならない」（S289-L257-B684）。聖典の文章から、隠された霊的な意味が立ち現れてくる。これこそが、次のパウロの一節が示すことだ。「文字は殺すが、霊は生かす」。

とくに預言には、多くの象徴がちりばめられている。だが、肉的な欲望で頭がいっぱいだったユダヤの民——ただし、アブラハム、モーセ、ダビデ、ヨブ、イザヤなど、少数の聖人は除く——は、字義どおりの意味に目がくらみ、そもそもそれが象徴であるとすら思わなかった。彼らは、自分たちに世俗的な幸福をもたらす救い主を待ち望んでいたのだ。パスカルはこう記している。

ユダヤの民は、次のような世俗的な考えにとらわれて時を過ごした。神は彼らの父祖アブラハム、その肉〔妻、子など〕、そこから生まれた子孫を愛した。それゆえ、神は彼らの子孫をふやし、他のすべての民と区別し、彼らに他との結合を許さなかった。彼らがエジプトで苦汁をなめていたとき、神は彼らのためにあまたの大いなる奇蹟を起こし、そこから脱出させた。神は砂漠でマナを降らせて彼らの空腹を満たし、肥沃な大地へと導いた。彼らに王と立派な神殿を授けた。彼らはその神殿に生贄《いけにえ》の獣を奉献し、その血をそそぐことで彼らが浄《きよ》められた。そうして神は、彼らを世界の支配者とするために救い主を遣わすのであり、その到来の時期を預言した、と。
世界はこのような肉的な妄念のうちに年を重ねていった。イエス＝キリストが預言どおりの時期に現れたが、期待された輝きをまとってはいなかった。それゆえ、ユダヤの民は、彼が救世主であるとは思いもしなかった。（S301-L270-B670）

要するに、パスカルに言わせれば、肉的な善——財宝や食物——を授かることを期待していたこの民は、イエス＝キリストが預言どおりに現れたにもかかわらず、その姿があまりにもみすぼらしかったため、彼が真の救い主だと理解できず、十字架にかけて殺してしまった、ということになる。

パスカルは、ユダヤの民の歴史をこう解釈した上で、彼らのこうしたおぞましいふるまいが旧約聖書中に象徴によって予示されていて、彼らはそれを成就した張本人になることによって、キリスト教の比類なき証人になったと主張する。パスカルの論理を敷衍すれば、以下のようになる。

レンブラント《ユダヤ人青年の胸像》（1663年、テキサス、キンベル・アート・ミュージアム）

ユダヤ人は、旧約聖書の真の意味を知らぬまま、それを何千年間も大切に保持してきたが、実はこれこそが、神がこの民に課した任務だった。この民は、救い主の到来を約束する聖典を、この上ない熱意をもって崇敬したが、それは彼らが、その救い主を「肉的な善を与えてくれる」存在であると勘ちがいしていたからだった。彼ら「肉的なユダヤ人」は、聖典の字義的な意味を本義と取りちがえたが、実のところ本義である霊的な意味は、あえて彼らには理解できないように隠されていたのだ。おかげで彼らはこの聖典を子々孫々に伝え、ついにイエスが現れたが、これを真の救い主だと見ぬくことができずに殺害してしまった。こうして彼らは図らずも、救い主が退けられ、つまずきとなる、というイザヤの預言を実現した。つまり、キリスト教にとって最大の「敵」であるこの欲深い民こそが、キリスト教の真実性を証明したことになる。この証明は、「世界中でわれわれに好意的であるという疑いを受けることがもっとも少ない民族」によってなされたものだけに、いっそう強い説得力をもつだろう（S738-L502-B571）。——このような論理である。

> 神は、この民の盲目を、選ばれた者の幸福のために利用した。（S706-L469-B577）
>
> われわれの宗教はきわめて神聖であるがゆえに、もうひとつの神聖な宗教〔ユダヤ教〕も、その土台にすぎない。（S276-L243-B601）

勝手な言い分である。ある研究によると、一六世紀後半以後、活版印刷術の発明、人文主義の発展とともに、聖書の字義的解釈が一般化してきており、パスカルの導入したような象徴的読解は、少なくとも不信仰者からは不興を買っていたという[1]。パスカルは、こんな時代錯誤の謬説を本当に信じこんでいたのだろうか。また、そもそも彼において、隣人愛を説く宗教への誘いが、こんな不寛容な思想とどのように両立していたのだろうか。興味のある問題である。[2]

注

（1） Pierre Gibert, « La relation entre exégèse et apologétique dans les *Pensées* », *Chroniques de Port-Royal*, n° 63, 2013, pp. 235-241.

（2） パスカルにおけるユダヤ人の問題については、次の論考を参照。石川知広「パスカルとユダヤ人」、『「ユダヤ性」の発見』（平成一一―一三年度　科研費研究成果報告書）、課題番号一一六一〇五二一（代表：合田正人）、二〇〇二年三月、五一―五六頁。

30　隠れたる神

一〇歳になるパスカルの姪マルグリット・ペリエは、もう三年以上も前から目に重い病気を患っていた。左目の腫れ物からたえず悪臭を放つ膿が流れ出していて、このまま放置すれば失明はおろか、命の危険さえあると言われていた。一六五六年三月二四日、パリのポール＝ロワイヤル修道院の礼拝堂で、聖荊《せいけい》崇敬の儀式が行われた（聖荊については、本書「0『パンセ』の成り立ち」参照）。ある修道女が、とくに深い考えもなしに、参列していたマルグリットの患部にこの聖遺物を押し当てた。すると、その日のうちに腫れも痛みも消え、病は完治した。その後、この治癒の証明書が何人もの医師によって作成され、パリ大司教総代理によるマルグリットおよびパスカルほか数名の関係者への証人尋問を経て、同年一〇月二二日、この治癒が奇蹟であることが正式に認定される。パスカルは、このいともまれなる神の顕現をきっかけに、『キリスト教護教論』を構想する。

奇蹟認定の直後、彼は親友の妹シャルロット・ド・ロアネーズに、次のような手紙を書く。

神がこのような並はずれた激しさをもって人前に姿を現すのは、まことにまれなことなので、この機会をしっかりと役立てなければなりません。というのも、神が自身を覆い隠している自然の神秘の下から出てくるのは、われわれの信仰をかき立てるためにほかならないからです。そうしてわれわれに、これまでにまして確実に神を知ることになった以上、より大きな熱意をもって自身に仕えるように促すのです。もし神がたえず人間の前に姿を現していたならば、信心がいかなる功徳でもなくなることでしょう。また、もし神が決して姿を現さないとすれば、信仰などまずありえないでしょう。そうではなくて、神はふだんは隠れていて、みずからに仕えさせたいと望む人々の前に、まれに姿を現すのです。神はこうして、人間の目ではとうてい見ることのできない不思議な神秘のなかに閉じこもったのですが、この神秘こそが、われわれを人目を離れた孤独へと誘う大いなる教えなのです[1]。

マルグリット・ペリエ

「隠れたる神（*Deus absconditus*）」の教えである。神はふだんは神秘に覆われていてわれわれには知覚できないが、ごくまれに姿を現す。神が太陽や月のようにいつでも誰にでも見えるなら、信仰の対象ではなく、観察の対象となるだろう。神が決して姿を現さないなら、誰も信じる者はいなくなるだろう。このように、神は光と闇、明るさと暗さの中間にあることで、われわれに信仰を促すのだという。

神は、まずは自然の覆いのもとに隠れ、次に受肉によって人間の姿のもとに身を隠し、最後に聖体の形色――パンと葡萄酒――のうちに閉じこもる（聖体については次章で述べる）。前章で見た、聖書の字義的意味のなかに霊的意味が隠されているという考えも、この教義から派生している。「隠れたる神」の教えは、『キリスト教護教論』の中核をなすことになる。

次は『パンセ』の一節である。

神は人類の罪を贖《あがな》い、自身を求める者には救いの道を開こうとした。だが人間たちは、みずからそれに値せぬようになってしまったので、神が一部の者に授ける恵みを、頑迷な者に授けるのを拒んだとしても、それは正当なことだ。人間たちにはそもそも、神の慈悲を与えられる資格などないのだから。

もし神が望んだなら、極度に頑迷な人々の妄念を打ち砕くこともできただろう。彼らの前に明らかに姿を現し、自身の本質に関する真理を疑う余地をなくせばよいのだ。ちょうど、この世の最後の日には、神が激しい稲光と天変地異をともなって降臨するため、蘇った死者たちも、いかなる盲人でも、神を見るように。

だが、神がそっと来臨する際〔キリストの受肉のこと〕には、こんなふうに姿を現すことを望まなかった。それは、かくも多くの人間が、みずから神の寛大さに値せぬ存在となったために、望まれもしないのに与えるにはおよばぬと、神が彼らを、幸《さいわ》なき状態に置いたからだ。したがって、神が、すべての人間を絶対に納得させられるほど、明らかに神聖な仕方で現れるのは、正しいことではなかった。かといって、心から神を求める人にも見つけられないほど、すっかり隠れた仕方で到来するのも、やはり正しいことではなかった。神は、後者の人々には、完全に知られることを望んだのだ。かくて神は、自身を衷心から求める者にははっきりと姿を現し、自身を衷心から逃れようとする者からは隠れようとした。〔…〕それゆえ神は、自身が認識される度合いをあえて抑えることで、自身を求める者には明白なしるしを与えながら、自身を求めぬ者にはそれを与えなかった。

見ることだけを望む者には十分な光があり、それと反対の心がまえの者には十分な闇がある。(S182-L149-B430)(2)

ここでは、神を見る者の信心の誠実さが強調されている。神は無限にして永遠であって、そもそも罪深く卑小な人間になど、いかなる関わりをもつ理由もない。にもかかわらず、神は途方もない慈悲によって、人間に救いの手を差しのべてくれる。「神が身を隠したことに不平を言うのではなく、神がかくもあらわに姿を現したことに感謝しなければならない」(S13-L394-B288)。われわれの義務は、心を尽くして神を求めること、この世の目に見える事物の背後に隠れている神のしるしを、虚心坦懐に解読するように努めることである。

慈愛にまで至らぬものは、すべて象徴である。(S301-L270-B670)

注

(1) *Lettres à Mlle de Roannez*, [4], vers le 29 octobre 1656, *MES*, III, p. 1035(「パスカルからロアネーズ嬢への手紙　その四」一六五六年一〇月二九日ごろ、『全集』⑵三二八—三二九頁)。

(2) パスカルの原稿では、中略記号([…])以降の箇所は、切り取られて別の場所に移されている。セリエ版は、この部分を別の断章(S274)として再録している。

31　パンと葡萄酒

「隠れたる神」の究極の姿が「聖体」である。パスカルはこの秘蹟をめぐって、きわめて精巧な議論を構築している。

聖体の秘蹟について。われわれは、パンの実体がわれらの主の身体の実体に変化し――すなわち〈実体変化〉し――、イエス＝キリストがパンのなかに臨在している、と信じている。これが真理のひとつである。もうひとつは、この秘蹟が、十字架の秘蹟および栄光〔天上での至福の状態〕の象徴であるとともに、両者の記念でもあるということだ。これがカトリックの信仰であり、一見対立する二つの真理を含んでいる。

今日の異端は、この秘蹟が、イエス＝キリストの臨在とその象徴とを同時に含んでいるということ、また、それが犠牲であるとともに犠牲の記念でもあるということを理解しない。彼らは、これら二つの真理のうちの一方を認めるなら、まさにそのために他方を排除しなければならない、と信じこんでいるのだ。（S614-L733-B862）

パスカルの主張は、次の三点からなる。

第一に、聖体はイエス＝キリストの身体そのものである。キリストの身体がパンと葡萄酒に「実体変化（transsubstantiation）」していて、キリストは聖体に「臨在（présence réelle）」している。この実体変化説は、トリエント公会議の第一三総会（一五五一年）で確定されたカトリックの枢要な教義のひとつである。プロテスタント、なかでもパスカルが直接の論敵とみなしたカルヴァン派は、聖体はキリストの象徴にすぎないと主張し、臨在を認めなかった。

第二に、聖体はイエス＝キリストの象徴（記号）でもある。右の一節でパスカルは、「聖体がキリストそのものでありながら、同時にその記号でもある」と主張するカトリックを不合理だとあざ笑うカルヴァン派に反撃している。パスカルと親交の深かったアントワーヌ・アルノーとピエール・ニコルは、カトリック説を正当化するために、論理学の枠組みを借りてこう述べる。「たとえば、自室にいるある人が、〔ミサで〕説教を行っている自分自身を表象することが十分に可能であるように、ある状態にあるひとつの事物が、別の状態にあるそれ自身を表象することは大いにありうる」（『ポール＝ロワイヤル論理学』一六八三年版、第一部第四章）と。つまり、一般にAという事物は、A自身の象徴になることが論理的に可能だということだ。ゆえに、キリスト自身である聖体がキリストを象徴することに何ら不都合はない、と言いたいのである。このとき、この秘蹟と「隠れたる神」の教義とが結びつく。「聖体という記号は、ものとしてイエス＝キリストの身体を隠し、象徴としてそれを現している」(同所)。[1]つまり、見かけはパンにほかならない聖体は、そこに閉じこもっているキリストを人の目から見えないようにしているが、それは同時に自分自身、すなわちキリストの象徴という機能も保持していて、それゆえキリストを明白に表してもいる、というのである。

第三に、聖体は、イエスが経験した「十字架」と「栄光」を信者に想起させる「記念」でもある。実体変化は、キリスト自身が最初に「これは私のからだである」と語ることによって生じた出来事である。以後、ミサにおける司祭による聖別の言葉によってこれが反復される。信者は聖体拝領のたびに、イエスが経た受難、死、復活という生涯を想起する。それとともに、聖体は信者に、「栄光」という現在のキリストの状態が、将来自分にも授けられるという期待をもたらす。聖体は、キリストの過去と現在、ならびに信者の未来を象徴する多義的な記号である。

以上に加えて、パスカルは、〈神を隠しつつあらわにする〉という聖体の性質のなかに、キリスト者の宿命にして義務でもある「信仰」のあり方との関係を認めている。このことは『パンセ』でははっきりとは言及されていないが、『プロヴァンシアル』では重要なテーマとして扱われている。

キリスト者の状態は、至福者の状態とユダヤ人の状態との中間に位置します。至福者はイエス＝キリストを、象徴（figure）もなく覆いもないかたちで現実に所有しています。ユダヤ人はイエス＝キリストの象徴と覆いしか所有しませんでした。マナや過ぎ越しの小羊がその例です。そして、キリスト者はイエス＝キリストを、聖体において真にかつ現実に、しかしなお覆いに包まれたかたちで所有しています。〔…〕もしイエス＝キリストなしでその象徴しか所有していないとしたら、われわれはいま置かれている信仰の状態から抜け出してしまうでしょう。聖パウロは信仰の状態を、〔ユダヤ人の〕律法の状態および〔至福者の〕至福直観（la claire vision）の状態〔一切の中間物なしに神を直接認識する状態〕に対置しています。というのは、ものの影だけをもち、実質をもたないのが律法に固有のあり方だからです。また、もしわれわれがイエス＝キリストを目に見えるかたちで所有しているとしても、信仰の状態から抜け出してしまいます。同じく使徒パウロが言うように、信仰とは、目に見えるもののなかにはないからです。聖体はわれわれが置かれた信仰の状態と完全に適合しています。聖体はイエス＝キリストを真に含んではいますが、覆いによって隠しているからです(2)。（『プロヴァンシアル』「第一六の手紙」）

聖体によってキリストそのものとその象徴を保持しているキリスト者は、キリストの影だけしかもたないユダヤ人と、天上でキリストと直《じか》に対面している至福者との中間にあるという。聖体のなかのキリストの臨在こそが、この聖なる糧を享受するキリスト者のあり方を決定づけ、正当化している。

ところで、ミシェル・トゥルニエの『ガスパール、メルキオール、バルタザール』(3)（一九八〇年）は、この「聖体」を中心的な主題のひとつとする傑作小説である。作者はやはり聖体のなかに多義的な象徴を見いだすが、これを通じて、冷厳この上ない教義を奉じるパスカルとはおよそ異質な、温かくて人間的な宗教的救済の可能性を提示している。一読をお勧めしたい。

注

（1） Antoine Arnauld et Pierre Nicole, *La Logique ou l'art de penser*, édition critique par Dominique Descotes, Paris: Honoré Champion (« Sources Classiques »), 2011, pp. 650-651.

（2） *16e Prov., FS*, pp. 555-556（『著作集』(4)一五二―一五三頁）。

（3） Michel Tournier, *Gaspard, Melchior et Balthazar*, Paris: Gallimard (« Folio »), 1982（ミシェル・トゥルニエ『オリエントの星の物語』榊原晃三訳、白水社、二〇〇一年）。次を参照。山上浩嗣「「相反するもの同士の不可能な結婚」――ミシェル・トゥルニエ『ガスパール、メルキオール、バルタザール』における「聖体」のパラドクス」、『関西学院大学社会学部紀要』第一〇七号、二〇〇九年三月、一二五―一四一頁。

32　無知

先に、パスカルが、国家の現体制を平和裡に維持するために、民衆を無知な状態にとどめておくのがよいという考えを支持しているのを見た（本書「22　民衆の健全な意見」）。この主張には、民衆に対するいかなる侮蔑も含まれていない。彼は純粋に「無知」を美徳とみなしているのである。

世間はものごとを正しく判断する。なぜなら、世間は人間の真の座である自然の無知のなかにあるからだ。知識には互いに接する両極がある。一方の極は、すべての人間が生まれつき置かれている純粋な自然の無知である。他方の極は、偉大な魂の持ち主が到達する無知である。彼らは、人間が知りうることのすべてをひととおり見わたしたのちに、自分は何も知らぬと悟り、出発点となったまさに同じ無知へとまた立ちもどるのである。だがそれは、おのれを知る賢明なる無知である。（S117-L83-B327）

無知には「自然の無知（ignorance naturelle）」と「賢明なる無知（ignorance savante）」

の二つがある。前者は、生まれたての人間すべてが置かれる、いかなる知識ももたない状態。後者は、人間が到達可能な最高の知恵をそなえた無知の状態、だという。この二つの無知は、「互いに接する」ばかりでなく、「同じ無知」でもある。このことは、「人間が知りうることのすべて」が、(神のもつ知恵と比較して) いかにささいなものであるかを示唆している。では、二つの無知の間にある違いとは何か。それは、その無知を自覚しているか否かという一点にある。最高の知恵が到達する無知とは、知識を極めながらも、自分が無知であることを知っている状態、すなわち、ソクラテス的な「無知の知」の状態にほかならない。ここには当然、きわめて真摯な謙遜の念がともなっている。

これと対照的なのが、次の人々だ。

> 両極の間にあって、自然の無知から出発し、賢明なる無知へとまだ到達できない者たちは、思い上がった知識 (science suffisante) の見かけをまとい、知ったかぶりをする。この連中こそが世間を惑わし、すべてにおいて誤った判断を行う。(S117-L83-B327)

彼ら中間者の錯誤は、自身の知恵がいかにささいなものであるかを知らない点と、わずかな (しかも不確かな) 知識のゆえにおごり高ぶる姿勢にある。「22 民衆の健全な意見」の章で引いた一節 (S124-L90-B337) の、「未熟な知者」、「知識よりも熱情にまさる篤信家」

は、この中間者に当たるだろう。

先にパスカルの知識批判を見たが（本書「21　知識の空しさ」）、その根本には、知者が必然的に陥る傲慢さへの批判がある（傲慢は、身体なき精神であり、人間よりも卓越した知的存在である天使こそが犯す罪だ[1]）。人間は全知ではない以上、われわれがなす発見は、いずれも真理には至らず、「真実らしい」ものにとどまる。このとき、パスカルにとって、政治の分野において、正義の探求をあきらめ、立法者の恣意によって打ち立てられた規則に従うことが賢明であったように、学問の分野においても、民衆の謬説に満足することは正しい選択となる。

あることがらの真実が知られていないとき、人間の精神を留《とど》めておく共通の誤りがあるのはよいことだ。たとえば、季節の移り変わりや、さまざまな病気の進展を月のせいだと考えるような誤りである。なぜなら、人間の主な病は、自己が知りえないことがらに対する飽くなき好奇心だからだ。だから、人間にとって、こうした無益な好奇心よりは、誤解のなかにいるほうがまだましなのだ。（S618-L744-B18）

好奇心（curiosité）は、キリスト教の三邪欲のひとつである「目の欲（concupiscence des yeux）」あるいは「知識欲（*libido sciendi*）」と同一視される（S460-L545-B458）。好奇心の罪深さは、人間が宇宙全体の真理を探り当てることは永遠にない以上、決して満たされることがない、という点にある。だが、それだけではない。人間の好奇心は、それによって知りえたことを他人に伝えて誇りたいという欲望によって支えられている。このとき好奇心は、最大の邪欲である「支配欲（*libido dominandi*）」、あるいは「傲慢（orgueil）」に変貌する。次の断章を再び引用しよう（本書「15　三つの邪欲」参照）。

傲慢。

好奇心は、たいていの場合、うぬぼれにほかならない。人が何かを知りたがるのは、それについて人に語って聞かせるためである。さもなければ、誰も航海などしないだろう。人に何も語らず、単に見る楽しみのためだけで、人に伝える希望がまったくないならば。（S112-L77-B152）

謙遜は、キリスト教においてもっとも重要な徳のひとつである。パスカルが、知恵と謙遜の両立、「賢明さ（sagesse）」と「愚かさ（folie）」の共存を、宗教そのものに内在する特質と認めているのは、そのためである。

われわれの宗教は賢く、かつ愚かである（Notre religion est sage et folle）。賢いというのは、もっとも知恵に富み、奇蹟、預言などの上に、もっともしっかりと立っているからだ。愚かだというのは、これらすべてをもってしても、人は宗教に導かれないか

らである。〔…〕人を信じさせるのは、十字架である。(S427-L842-B588)

政治(「身体の秩序」)および学問(「精神の秩序」)においてあるべき知恵のかたちとされた「賢明なる無知」は、宗教(「慈愛の秩序」)が説く人間の道徳のあり方そのものでもある。

注

(1) この点については、次を参照。稲垣良典『天使論序説』講談社(講談社学術文庫)、一九九六年、第六章「天使の罪」一三九―一六五頁。

33 モンテーニュ

ベルナール・クロケットという研究者の調査によると、『パンセ』のなかで、語彙や発想の点でモンテーニュ『エセー』からの影響が認められる箇所は、二三〇あまりにのぼる。(1)『パンセ』の大部分がモンテーニュの思想の焼き直しだと言い張る論者さえいる。(2)だが、パスカルはモンテーニュの文章を発想の素材として用いても、彼の意見そのものに合意することはまれである。とりわけ、モンテーニュの名が直接言及されるのは、ほとんどが批判的な文脈においてだ。そのいくつかを見てみよう。

まずはこちらから。

モンテーニュの欠陥は大きい。淫《みだ》らな言葉。これには何の価値もない。〔…〕〔…〕彼は、全著作を通じて、だらしなくふんわりと死ぬことしか考えていない。(S559-L680-B63)

ここで攻撃の対象になっているのは、モンテーニュの享楽主義的な考えだ。精力の衰えた老年の楽しみとして「あえて精神を淫らな、若々しい考えに没頭させ、そこで休ませる」[3]と宣言する態度、あるいは、死の恐ろしさに立ち向かうために、早くからその想念に慣れるように勧めたり[4]、逆に、死の恐怖を根本的に断ち切るために、死に対する一切の事前の準備を放棄せよと勧めたりする態度[5]が想定されているのだろう。

次に移ろう。

モンテーニュの混乱について。彼は直線的方法の欠陥をよくわかっていて、主題から主題へと飛び移ることで、そんな方法を避けていた。小粋《こいき》さを求めていたのである。

自分を描こうなどという、彼の愚かな企て！（S644-L780-B62）

「直線的方法」とは、幾何学的秩序による論証方法のことで、パスカルはこれを「心の秩序」に対置して批判していた（本書「18　順序」参照）。モンテーニュはこれを避け、むしろパスカルの目指す論述に通じる論述を実践していたわけだから、評価されてもよさそうなものだが、パスカルは、モンテーニュがその巧みな弁論によって「小粋さ（le bon air）」なるものを目的としている、と非難している。「小粋さ」とは、上品で洗練された態度を意味し、社交界で好ましいとされた言動や身だしなみについて当時よく用いられた表現である。モンテーニュは優れた技術をろくでもない目的に用いようとしている、というのだ。パスカルから見て、モンテーニュは、快い会話で相手の気を引き、結局は自分をよく見せようとするオネットム、さらには自己愛の権化と映っていたのである（本書「25　オネットム」参照）。

次に、これはどうだろうか。

これは驚くべきことだ。絹の衣をまとい、七、八人の家来をひきつれた人物に、私が敬礼するのが気に入らないとは。なんということだ、挨拶をしなければ、その人は鞭《むち》でたたきにくるというのに。この衣装は力である。〔立派な衣装を着た人間とそうでない人間との関係は〕立派な道具をつけた馬と別の馬との関係と同じだというのだろうか。モンテーニュは滑稽だ。その間にどんな違いがあるのかを見ぬけず、人がそこに違いを見つけたことに驚き、その理由は何か、と尋ねるのだから。（S123-L89-B315）

モンテーニュ

モンテーニュは、馬は馬具で評価されないのに、なぜ人間は身分や資産によって評価されるのか、と問うた⑹。パスカルは、そのモンテーニュの驚きに対して驚いてみせる。ここでの「驚き」とは、実際には嘲笑、侮蔑である。先にも見たように（本書「3　不快を耐えよ」）、パスカルは、身分の上下を尊重して、目上の者に敬意を捧げることは、秩序維持のために必須のことと考えていた。パスカルは、このことを見ぬけないモンテーニュを、ただ「民衆」の愚かさを指摘して得意がる「未熟な知者」に分類しているのだ[7]。このとき彼は、自分を「裏の考え」をそなえた真の「知者」と位置づけ、モンテーニュを見下していることになる。

だが、そもそもこの「民衆／未熟な知者／知者」の階層構造という着眼は、もとはと言えばモンテーニュから借りてきたものだ。モンテーニュはこう書いていた。

素朴な百姓たちは紳士である。哲学者、あるいは、堅固で明晰な資質をもち、有用な知識の幅広い教養を身につけた、当世の要請にかなった人々もまた紳士である。この中間にある人々、すなわち、前者の無知無教養を軽蔑し、後者に合流することもできずにいる連中（二つの鞍の間に尻を置く連中であり、私も多くの仲間と同じくそのひとりだ）は、危険で、無能で、迷惑である。この連中こそが、世を乱す元凶である[8]。（『エセー』）

モンテーニュはここで、パスカルの発想の源であるばかりでなく、自分が「二つの鞍の間」にあること、すなわち「未熟な知者」でしかないことを自覚するだけの謙遜の徳をそなえている。むしろパスカルこそが、モンテーニュを見下すことで、傲慢の罪に陥っているのではないか。パスカルはモンテーニュを見習うべきではないのか。実際、彼はモンテーニュの抗いがたい魅力を、次のような言葉で告白している。

　モンテーニュのなかに私が見ることのすべてを、私はモンテーニュのなかにではなく、私のなかに見つける。（S568-L689-B64）

これ以上の讃辞があるだろうか。[9] パスカルにとってモンテーニュは、最大の敵にして最大の師であった。

注

（1）Bernard Croquette, *Pascal et Montaigne: étude des réminiscences des* Essais *dans l'œuvre de Pascal*, Genève: Droz, 1974.

（2）たとえば、Joseph Joubert, *Pensées et lettres*, présentés par Raymond Dumay, textes choisis et présentés par Raymond Dumay et Maurice Andrieux, Paris: Grasset, 1954 など。

（3）*ESS*, III, 5, p. 841（「ウェルギリウスの詩句について」(5)一〇二―一〇三頁）。

（4）*ESS*, I, 20, p. 86（「哲学をきわめるとは死ぬことを学ぶこと」(1)一五八―一五九頁）。

（5）*ESS*, III, 12, p. 1052（「人相について」(6)九五頁）。

（6）*ESS*, I, 42, p. 259（「われわれの間にある差異について」(2)八七―八九頁）。

（7）この解釈に際し、次の研究を参考にした。Laurent Thirouin, « Montaigne, 'demi-habile'?: Fonction du recours à Montaigne dans les *Pensées* », in *id.*, *Pascal ou le défaut de la méthode: lecture des* Pensées *selon leur ordre*, Paris: Honoré Champion（« Lumière Classique »）, 2015, pp. 157-175. 本書「22　民衆の健全な意見」も参照。

（8） *ESS*, I, 54, p. 313（「つまらぬ器用さについて」⑵一八九頁）。

（9） もっとも、この一節は、モンテーニュが考えつくことは自力でも考えられるという、自己の優越性の表明と解釈することも可能である（次の論文はまさにそう説いている。L. Thirouin, « L'art de conférer », in *id.*, *Pascal ou le défaut de la méthode*, *op. cit.*, pp. 31-48）。だが、その場合も、モンテーニュの考えそのものは尊重していることになるので、やはりねじくれた讃辞と読めるだろう。

34　恐れ

次は、『パンセ』のなかで屈指の名句である。原文も記しておこう。

この無限の空間の永遠の沈黙は、私を恐れさせる。
Le silence éternel de ces espaces infinis m'effraie.（S233-L201-B206）

先に引いた「考える葦」の断章（本書「26　考えない葦」参照）や「二つの無限」の断章（本書「12　二つの無限」参照）と同じ章に位置していることから、ここでの「空間」は宇宙のことと推測される。もっとも、「この無限の空間」の原文は、«ces espaces infinis»と複数形になっているので、これは「大きな無限」としての宇宙とともに、壁蝨《ダニ》の体の部位などの極小の世界である「小さい無限」も含んでいるかもしれない。そのような途方もない広がりをもつ空間を前にして抱く実存的不安を、この上なく端的に表現する一句である。

さて、この申し分のない一句にかみついたのは、二〇世紀の詩人・哲学者ポール・ヴァレリーである。彼の不満は二点である。第一に、彼によると、パスカルはここで恐れを口にしながら、おのれの巧みすぎる表現に酔っているという。

私はこの技巧と自然さとの混合を前にして、安らいだ気持ちにはなれない。この作家〔パスカル〕が人間の真率な感覚に手を入れ、ゆがめ、そこに練達の技で加工しながらも、そのような術策を彼本来の感情であるように見せようとするとき、私はこれを不純でいかがわしいと思う。私にはパスカルの手が見えすぎるほど見える。(1)（『「パンセ」の一句を主題とする変奏曲』）

第二にヴァレリーは、この「恐れ」はおよそ信心深い人の感情とは思えないという。

パスカルは無限の空間から沈黙しか受け取らない。「恐れる」とつぶやき、世界のなかに放り出されていることを苦々しげに嘆いてみせる。〔…〕この奇妙なキリスト者は、天空のなかに父なる神を認めないのである。(2)（同書）

ヴァレリーは、パスカルの美文に胡散《うさん》臭さを感じているのだ。(3)ヴァレリーの繊細な着眼には脱帽するが、この第二点に関しては、『パンセ』に登場する「私」は、必ずしも揺るぎない信仰をもつ護教論者としてのパスカル自身——またはその分身であるサロモン・ド・テュルティ——を指すとはかぎらない、という反論が可能である。

先にも見たように、いくつかの断章には、パスカルの仮想的対話者としての不信仰者が一人称で語っている箇所がある。次はパスカルが「宗教の敵」と断じる人物の発言である[4]。

私は、誰がいったい私をこの世に置いたのか、この世が何であるか、私自身が何であるかを知らない。私は、すべてのことについて、恐ろしい無知のなかにいる。〔…〕私は、自分が閉じ込められている宇宙の恐ろしい空間を見る（Je vois ces effroyables espaces de l'univers qui m'enferment）。そして、自分がこの巨大な広がりの片隅につながれているのを見るが、なぜほかのところではなくここに置かれているか、また私が生きるべく与えられたこのわずかな時間が、なぜそれ以前にあった永遠のすべてと、それ以後に来る永遠のすべてのなかのほかの一点ではなく、この一点に割り当てられたのかということを知らない。

いたるところに見わたすかぎり無限が広がっている。私はあまたの無限に取り囲まれているのだが（Je ne vois que des infinités de toutes parts, qui m'enferment）、そこで私はひとつぶの原子のようであり、一瞬後には消え去って決してよみがえることのない闇のようである。（S681-L427-B194. 本書「28　メメント・モリ」で引用した箇所の直前にあたる）

ここには、本章の冒頭の一句と酷似した表現が見える（強調部分）。パスカルは、無限の

オディロン・ルドン《この無限の空間の永遠の沈黙は、私を恐れさせる》（1870年ごろ、パリ、プチ・パレ美術館）

空間の沈黙に対する恐れを、信仰以前の状態にある人の感情として描いた可能性がある。

　ジャン・メナールは、パスカルの護教論においては、「悲劇的展望」が「弁証法的展望」を準備する仕組みになっていると解釈する。キリスト者は悲劇的状況を意識し、それを克服しえた者である。パスカルがピュロン主義者、独断論者、エピクロス派、ストア派などの「哲学者」を弾劾するのは（本書「36　ピュロン主義と独断論」参照）、彼らに「悲劇的なもの」を認めないからである。メナールは、パスカルの論述のなかに、①悲劇的なものを意識しない段階、②相反する二つのことがらを提示することで、悲劇的なものを経験させる段階、③神の原理への接近によって矛盾が解決する段階、の三段階を区別できると説く。パスカルは読者にこの三段階を順にたどらせることで回心へと導こうとしたと考えられるのである。[5] 彼は冒頭の一句を通じて、読者に現実の悲劇性を知らしめようとしている。この一句は、第二段階にある読者の心情だと考えれば納得できる。

　もっとも私には、この句がキリスト者の心情であっても何の不都合もないと思える。「無限」は明らかに神の換喩であるから、恐れの対象は神である。また、恐れと畏れ、恐怖と崇敬とは紙一重である。人は畏怖の念なしに相手を敬わない。それに、恐れは未知に対して抱かれるものだ。パスカルの信じる神は「隠れたる神」である以上、いかに敬虔な信者であれ、すべてを知ることはありえない。神は未知であるからこそ、抗いがたい魅力をもち、憧れを抱かせるのである（相手が人間でも同じだろう）。無限の空間の永遠の沈黙に対する「恐れ」は、畏敬と強い愛着との混合だとみなすことができる。

そのように考えると、冒頭の一句は、信者も不信者もなく、あまねく人間が宇宙に対して抱く感情のみごとな表現である。ヴァレリーも、末尾が「私を安らかにする」のほうがよいとは言わないだろう。

注

（1） Paul Valéry, *Variation sur une Pensée*（1923）, in *id.*, *Œuvres*, édition établie et annotée par Jean Hytier, tome I, Paris: Gallimard（« Bibliothèque de la Pléiade »）, 1957, pp. 463, 465.

（2） *Ibid.*, p. 461.

（3） 次を参照。Tetsuya Shiokawa, « Entre la pensée et l'œuvre: à propos de la critique valéryenne de Pascal », in *L'Autre de l'œuvre*, sous la direction de Yoshikazu Nakaji, Saint-Denis: Presses Universitaires de Vincennes, 2007, pp. 39-48. 井上直子「ヴァレリーのパスカル批判――『パンセ』の三つの句をめぐって」、『大阪教育大学紀要』第一部門、第六四巻第一号、二〇一五年九月、一一―三二頁。

（4）『パンセ』における「私」については次を参照。塩川徹也『パスカル考』岩波書店、二〇〇三年、II-三「説得と回心――レトリックの問題」一〇一―一一五頁、II-四「主題としての「私」と語り手としての「私」」一一七―一三九頁。Tetsuya Shiokawa, « Entre la pensée et l'oeuvres », art. cit.

（5） Jean Mesnard, *Les* Pensées *de Pascal*, 2e éd., Paris: Société d'Edition d'Enseignement Supérieur, 1993, « Tragique et Dialectique », pp. 316-323.

コラム5　パスカルと演劇

サブレ侯爵夫人(1)は、若いころ華やかな宮廷生活を謳歌し、サロンを主宰して当代一流の知識人を集めたが、晩年はパリのポール＝ロワイヤル修道院の隣りに私邸を築いて敬虔な信仰生活を送った。彼女はジャンセニストたちとひっそり交流し、自分で書いた文章の添削をパスカルに依頼した。その添削済みの小文が、『パンセ』の一断章をなしている。パスカルが手を入れた部分を太字で示す。念入りな添削ぶりに、サブレ夫人の考えを支持し、補強しようという彼の意図がよく表れている。

大がかりな気晴らしは、いずれもキリスト者の生活には危険である。しかし、この世が発明したすべての気晴らしのなかで、演劇ほど恐るべきものはない。そこでは、情念がまことに自然に、繊細に上演されるので、見ているわれわれの心のなかでも、情念が揺り動かされ、生み出される。とりわけ恋愛の情念がそうである。とくに、恋愛がひどく純潔に、清廉に上演されるような場合には覿面《てきめん》である。その恋愛を純粋無垢なものと感じれば感じるほど、純粋な魂はそれによって影響を受けやすくなるからである。**上演される恋愛の激しさは、われわれの自己愛を満足させ、**

サブレ侯爵夫人

自己愛はたちまちのうちに、目の前でかくもみごとに演じられているのと同じ効果を引き起こしたいという欲望を抱くようになる。また同時に、そこに見ている感情の清廉さから、ひとつの意識が生まれる。つまり、その清廉な感情は、純な魂の不安をすっかり取り除き、魂は、かくもまじめに見える愛情をもって人を愛することによって、純潔が傷つけられるようなことはありえないと思いこむようになるのである。

こうして人は、劇場をあとにするときには、恋愛のあらゆる美しさと魅力によって心を満たされ、魂と精神は恋愛の純粋無垢さをすっかり信じきっている。そうしていまや、恋愛のちょっとした徴候ですらも逃さないという気持ち、あるいはむしろ、誰かの心のなかに恋愛のそんな徴候を生み出す機会をすすんで求めようという気持ちがすっかり整っていて、劇中でかくも上手に描き出されていたのと同じ快楽、同じ犠牲を経験したいと願っているのである。(S630-L764-B11)

一七世紀フランスは、コルネイユ、ラシーヌ、モリエールらの活躍、ならびにリシュリューら権力者による庇護のおかげで演劇の隆盛を見たが、同時に演劇は、教会による批判の対象でもあった。演劇は、恋や野心や復讐などの危険な情念をあたかも美徳であるかのように描き出すことで、情念に対する観客の警戒心をゆるめるばかりか、演じられた行いを自分も実践したいという気持ちをかき立てる。——このような主張は、世紀半ばにおける演劇批判文書においてしきりにくり返された。なかでも、パスカルの盟友ピエール・ニコルは、演劇批判の決定版となる『演劇論』（一六六七年）において、あらゆるキリスト者はこの空しい見世物を前にして目を閉じなければならないこと、さらには、「喜ばしき盲目（l'aveuglement salutaire）」を与えられるように神に祈るべきことを主張した(2)。

だが、この時期、演劇は民衆の娯楽としてますます人を惹きつける。ラ・ブリュイエールは、キリスト教徒たちがこぞって劇場にかけつけるさまを皮肉を交えて活写している（一六八八年）。当時役者たちは、信仰を誹謗するとして教皇によって破門されていた(3)。

決まった日に男女のキリスト教徒が群れをなしてひとつの室内に集い、そこで破門された連中の一座に喝采を送るさまを思い描くことほど、奇妙なことがあるだろうか。しかも、その破門の理由は、彼らが前もって代価を受け取った上で、キリスト教徒に快楽を提供しているからだというのに。私には、劇場を閉鎖してしまうか、役者の身分についてもっと寛大な措置をとるかのいずれかが必要だと思われる。[4]（『カラクテール』「いくつかの習慣について」）

ところで、パスカルの妹ジャクリーヌには演劇の才能があった。一三歳のころ、リシュリュー枢機卿の屋敷で、ほかの少女たちとともに劇を演じたところ、枢機卿は彼女の熱演をいたく気に入った。ちょうどそのころ、父エティエンヌ・パスカルは、王権に対する抗議の首謀者ではないかとの嫌疑をかけられていた。そこでジャクリーヌがリシュリューに、父を赦すように涙ながらに訴えたところ、すぐに聞き入れられた。[5] パスカルはサブレ夫人の断章に朱を入れながら、この出来事を思い出しただろうか。

もとより、パスカル自身も演劇に無関心だったはずがない。『パンセ』には、彼の青春時代に一家で移り住んだルーアンでたまたま近所づきあいをしていた劇作家コルネイユの名が二回登場する。しかも、そのうちのひとつには、コルネイユの名作悲劇『オラース』で、主人公オラースが、親友にして決闘相手のキュリアスに放ったせりふ――「アルバは君を選んだ、もはや君との縁はない」――の引用すら見られるのである（S32-L413-B162, S448-L897-B533）。[6]

注

（1）サブレ侯爵夫人は、病気や死に対して極度の心配症で、「天井の落下によって何人かが下敷きになったと聞いてからは、誰かがまず先に入らなければどんな建物にも入ろうとしなかった」などの逸話が残っている。『ポール＝ロワイヤル論理学』（一六六四年版、第四部第一五章）は、ある大公夫人の話として、右の逸話を誤った推論の例として用いている（Antoine Arnauld et Pierre Nicole, *La Logique ou l'art de penser*, édition critique par Dominique Descotes, Paris: Honoré Champion (« Sources Classiques »), 2011, p. 616 et note 271)。

（２）Pierre Nicole, *Traité de la Comédie et autres pièces d'un procès du théâtre*, édition critique par Laurent Thirouin, Paris: Honoré Champion (« Sources Classiques »), 1998. 次も参照。Laurent Thirouin, *L'Aveuglement salutaire: le réquisitoire contre le théâtre dans la France classique*, Paris: Honoré Champion (« Lumière Classique »), 1997.

（３）一六七三年、モリエールの臨終のとき、教区の司祭が終油の秘蹟を授けるのを拒み、彼の遺体が当初カトリックの墓地に埋葬されなかったことはよく知られている（のちに未亡人がルイ一四世に誓願して埋葬が許可される）。もっとも、一七世紀のフランスにおいて、教会による俳優の破門はすべて一律のものではなく、免除される場合もあった。この点について、次の解説が簡潔で有益である。*Dictionnaire du Grand Siècle*, sous la direction de François Bluche, nouvelle édition revue et corrigée, Paris: Fayard, 2005, art. « comédiens », rédigé par Guy Boquet.

（４）Jean de La Bruyère, *Les Caractères de Théophraste traduits du grec, avec Les Caractères ou les Mœurs de ce siècle*, édition de Robert Garapon, Paris: Garnier (« Classiques Garnier »), 1962, « De quelques usages », 21, pp. 419-420.

（５）Gilberte Périer, *La Vie de Jacqueline Pascal*, *MES*, I, pp. 661-662.

（６）前者は「クレオパトラの鼻」の断章（本書「14　笑い」で引用）。後者が『オラース』からの引用を含んでいる。

35　メモリアル

パスカルの死の直後、一枚の紙片と、それとほぼ同一の内容が記された羊皮紙とが、彼の胴衣の裏地に縫いつけられているのが見つかった。(1)パスカルの回心時の体験を記録したとみなされる文書、いわゆる「メモリアル（Mémorial）」である。あくまでも自分だけのための記念の文章であるという点で、『パンセ』のほかの断章とは性格が異なる（ジャン・メナールは、これを『パンセ』のなかに含めるべきではない、と主張している）。

紙片に記された文章の訳は次の通りである（原物の写真（図1）も参照）。

救世主御誕生後一六五四年、

一一月二三日、月曜日、聖クレメンス教皇殉教者その他、教会暦中の諸聖人の祝日。

聖クリソゴヌス殉教者その他の聖人の祝日の前日。

夜の一〇時半ごろから〇時半ごろまで。

火

アブラハムの神、イサクの神、ヤコブの神にして〔『出エジプト記』三・六〕

哲学者や学者の神にあらず。

確実さ、確実さ、直感、喜び、平和。

イエス＝キリストの神。

わが神にして汝らの神。〔『ヨハネによる福音書』二〇・一七〕

汝の神はわが神たるべし。〔『ルツ記』一・一六〕

神を除いて、この世とすべてを忘れ去ること。

神は福音書のなかで教えられたる道によりてのみ見いだされる。

　人間の魂の偉大さ。

正しき神よ、世は汝を認めざりしも、われは汝を認めたり。〔『ヨハネによる福音書』一七・二五〕

　喜び、喜び、喜び、喜びの涙。

われ神より離れおりぬ。

彼ら、われを棄てたり。〔『エレミヤ書』二・一三〕

わが神よ、われを棄て給うや。

願わくは、われ、神より永遠に離れざらんことを。

永遠の生命は、唯一のまことの神にいます汝と、汝のつかわし給えるイエス＝キリストを知るにあり。〔『ヨハネによる福音書』一七・三〕

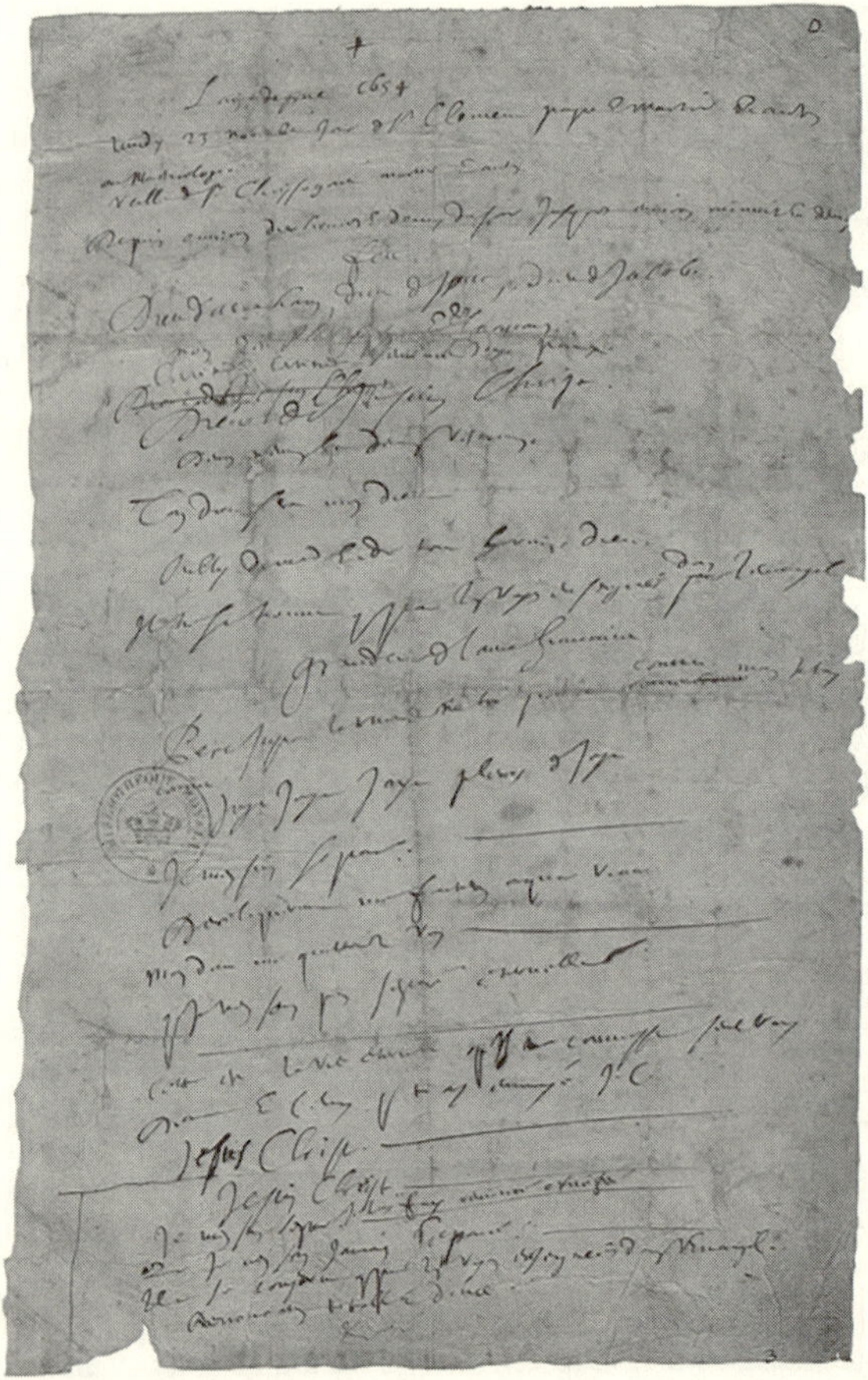

図1　『メモリアル』紙片

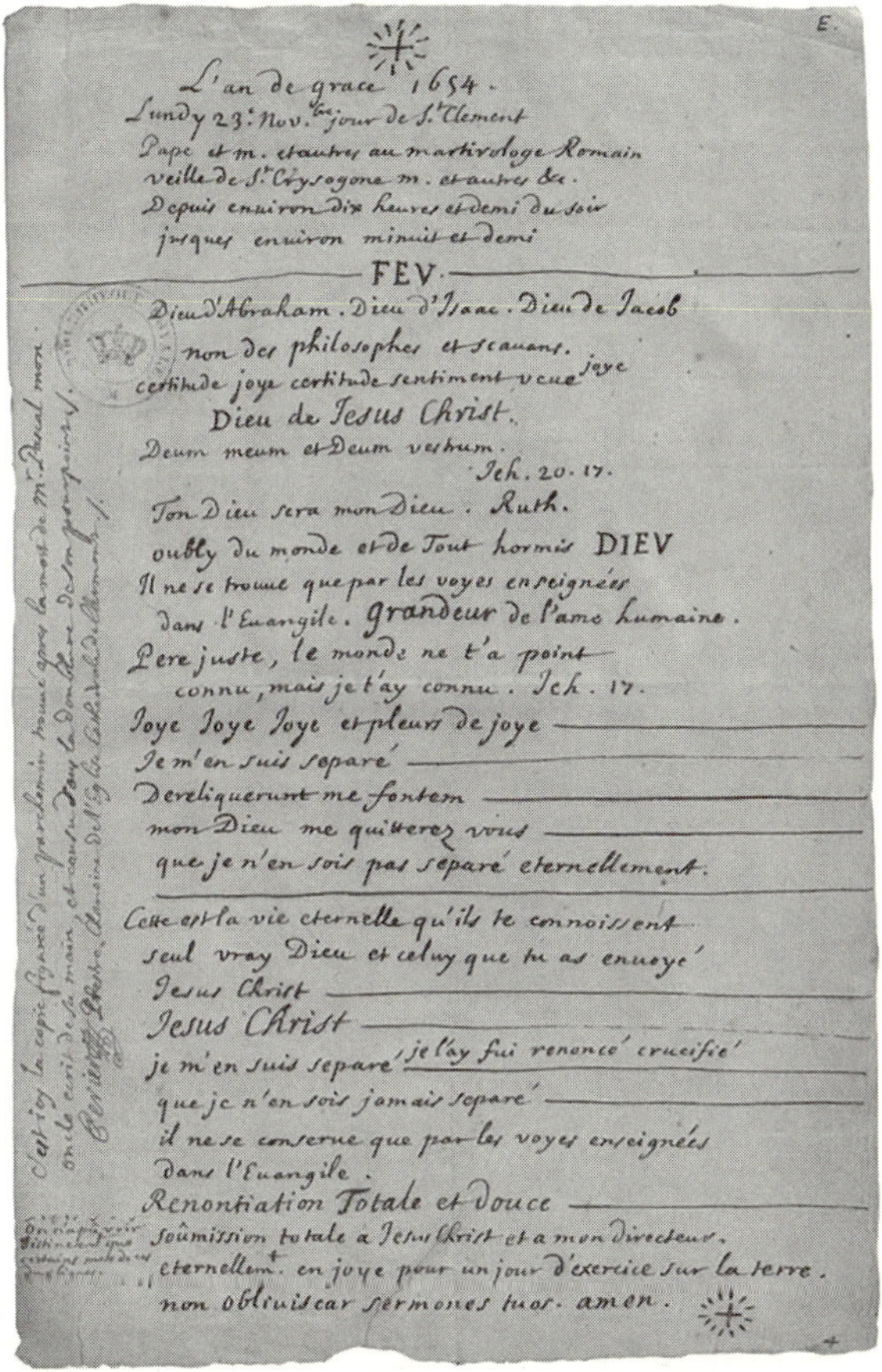

E.

L'an de grace 1654.
Lundy 23e Nov.bre jour de St Clement
Pape et m. et autres au martirologe Romain
veille de St Crysogone m. et autres &c.
Depuis environ dix heures et demi du soir
jusques environ minuit et demi
FEV.
Dieu d'Abraham. Dieu d'Isaac. Dieu de Jacob
non des philosophes et scavans.
certitude joye certitude sentiment veue joye
Dieu de Jesus Christ.
Deum meum et Deum vestrum.
Ioh. 20. 17.
Ton Dieu sera mon Dieu. Ruth.
oubly du monde et de Tout hormis DIEV
Il ne se trouve que par les voyes enseignées
dans l'Euangile. Grandeur de l'ame humaine.
Pere juste, le monde ne t'a point
connu, mais je t'ay connu. Ioh. 17.
Ioye Ioye Ioye et pleurs de joye
Je m'en suis separé
Dereliquerunt me fontem
mon Dieu me quitterez vous
que je n'en sois pas separé eternellement.
Cette est la vie eternelle qu'ils te connoissent
seul vray Dieu et celuy que tu as envoyé
Jesus Christ
Jesus Christ
je m'en suis separé je l'ay fui renoncé crucifié
que je n'en sois jamais separé
il ne se conserve que par les voyes enseignées
dans l'Euangile.
Renontiation Totale et douce
Soûmission totale a Jesus Christ et a mon directeur.
eternellem.t en joye pour un jour d'exercice sur la terre.
non obliviscar sermones tuos. amen.

図2　羊皮紙のコピー（ルイ・ペリエ作成）

イエス＝キリスト。

　イエス＝キリスト。

われ、キリストより離れおりぬ。われ、キリストを逃れ、否認し、十字架につけたりき。

願わくは、これよりのち、再びキリストより離れざらんことを。
キリストは、福音書のなかで教えられたる道によりてのみ保持さる。
まったき、心地よき自己放棄。

　　云々。(S742-L913-B 欠[2])

文書の初めには、くどいほど詳細な日時の説明がある。ロラン・ティルアンはこれを、人間的時間が消滅し、代わりに神の永遠の時間が出現する事態を暗示していると解釈している[3]。次に、「火（Feu）」という印象的な文字が置かれたあと、神の名が列挙される。「アブラハムの神」に始まり、「わが神」に至るのは、神が自分に接近してくるさまを表しているようである。それに続いて、神以外のものすべてを放棄する決意と、神が自分を見捨てないように、との祈願がくり返し記され、末尾にはイエス＝キリストへの服従が表明されている。

「火」という語と、冒頭に描かれた十字架のしるし（図1参照）は、ここで記録されている体験が目で見た光景であることを思わせる（羊皮紙のコピーでは、もっとはっきりと、初めと終わりの二箇所に光を放つ十字架が描かれている（図2参照））。羊皮紙の内容を筆写したパスカルの甥ルイ・ペリエはこう注釈している。「パスカル氏にとって、ひとつの光景が生き生きと、神の至高なる威厳と聖性と善性を、贖罪の神秘とともに表したに違いない」[4]。また、羊皮紙のコピー（図2）では、この語が「神（DIEV）」という語とともに大文字で記されているが、これは「火（FEV）」と「神（DIEV）」の同一性を示唆している。『出エジプト記』のなかの、モーセの前に神が現れる「燃ゆる柴」の挿話では、まさに火が神を表していた。ジャン・メナールは、この「火」は、神が実際に目に見えたかどうかはともかく、心にはっきり感じられたことを示すと考えている。その神は、「哲学者や学者の神」、すなわち人間の理性や推論が作り上げた抽象的な存在ではない。「メモリアル」に表れているのは、神の生ける真理への接近の体験である[5]。

パスカルの妹ジャクリーヌから姉ジルベルトへの手紙は、パスカルがこの一六五四年一一月二三日に至るまでに、「世間に対する深い嫌悪とそこから逃れる必要」と、「神に対する魅力のまったくの欠如と神から見捨てられているという感情」という相反する感情の共存を経験していたことを告げている[6]。ジャクリーヌが兄から回心への希望を初めて明かされたのは、一六五四年九月の終わり、兄の訪問を受けたときだった。それから二ヵ月間というもの、集中的な探求、継続的な瞑想を経て、彼は悲願の体験を得る。だが彼は、この記録文書の存在を肉親の誰にも、一番の理解者であるジャクリーヌにさえ告げなかった。この神秘的な体験の記憶を純粋な状態に保ち、信仰をさらに確証するためには、そうするほかなかったのである。彼は『パンセ』にこう記している。

　できるかぎり沈黙を守り、自分にとって真理である神のことだけを考えて過ごさなければならない。そうして人は、神が真理であると納得するようになる。（S132-L99-B536）

パスカルにとって回心は決してゴールではなく、信仰への入口にすぎなかったのである。

注

（1）紙片は現存（図1）。一方、羊皮紙の原物は紛失してしまったが、その内容をパスカルの甥ルイ・ペリエが筆写したものが現存している（図2）。

（2）訳文の作成に際して、次を参考にした。『全集』⑵二九四―二九五頁（支倉崇晴訳）。

（3）Laurent Thirouin, « Se divertir, se convertir », in *id.*, *Pascal ou le défaut de la méthode: lecture des Pensées selon leur ordre*, Paris: Honoré Champion（« Lumière Classique »), 2015, pp. 213-231.

（4）Commentaires du *Mémorial*, Commentaire du manuscrit de l'abbé Périer, *MES*, III, p. 55.

（5）ジャン・メナールによる「メモリアル」解説、*MES*, III, pp. 32-46 参照。

（6）Lettre de Jacqueline Pascal à Mme Périer, sa sœur, le 25 janvier 1655, *MES*, III, p. 71（「ジャクリーヌから姉ジルベルトへの手紙」一六五五年一月二五日、『全集』⑴三二二頁）。

36　ピュロン主義と独断論

パスカルは、ピュロン主義と独断論《ドグマティスム》を哲学の二大流派として位置づけ、両者の対立についてくり返し論じている（モンテーニュとエピクテートスを、それぞれの流派の代表とみなしている）。この論点がキリスト教弁証に役立つと考えたからである。「いま自分が夢を見ているのではないこと」、「空間、時間、運動、数などが存在すること」など、証明はできないけれども、われわれがふだん何の疑問もなく受け入れている命題を、パスカルは「第一原理」と呼んでいた（本書「10　理性と直感」参照）。だが、これらは本当に真だろうか。

ピュロン主義者の主要な強みは、ささいなものを除けば、次の点にある。すなわち、これらの原理が真であることについて、われわれは、信仰と啓示によらないかぎり、われわれが自分のなかでそれらを自然に感じ取るということ以外に、いかなる確実さも保持していないという点である。ところが、この自然的直感も、そうした原理が真理であることの確たる証拠にはならない。なぜなら、人間が創造されたのは善なる神によるものか、邪神によるのか、はたまた偶然によるのかという点については、信仰によらなければいかなる確実さもないのだから、これらの原理も、われわれの起源に応じて、われわれに真なるものとして与えられているのか、偽なるものとして与えられているのか、それともいずれとも決められないものとして与えられているのかが疑わしいからである。

(S164-L131-B434)

「これらの原理」とは「第一原理」のことである。われわれがこれを「自然的直感」によって確実だと考えていても、そのことは「信仰と啓示によらないかぎり」確証できないという。われわれは「空間、時間、運動、数が存在する」と感じてはいるが、もしかすると、悪い神がわれわれをあざむき、そう感じるようにしむけているのかもしれない。信仰によれば、われわれはそのような可能性を否定し、人間が善なる神によって創造され、したがってわれわれの「自然的直感」が正しいと結論できるだろうが、そのような神からの「啓示」はかぎられた人にしか与えられず、その恩恵にあずかることのできない者は、疑いをぬぐい去ることができない。

だが、パスカルは、ピュロン主義者に帰されるこのような懐疑論を最終的に承認しているわけではない。彼はこれに対して、独断論者の立場から反論できると考えている。

独断論者たちの唯一の砦《とりで》に注目しよう。それは、善意をもって、誠実に語れば、自然

的な原理を疑うことはできない、ということである。(S164-L131-B434)

真理の認識に際しては、「善意」や「誠実さ」という、ある種の心がまえを要する。自然的直感の確実さに不動の根拠を与えることはできないが、だからといって、それによって与えられる認識がただちに偽と判断されるべきでもない。なぜなら、ピュロン主義者も、そのような認識を心底から疑っているわけではないからだ。

人間はすべてを疑うのだろうか。自分が目ざめていること、つねられていること、焼かれていることを疑うのだろうか。自分が疑っていること、存在していることをも疑うのだろうか。ここにまで至ることはできない。断言してもよいが、いまだかつて実際に完全なピュロン主義者など存在したことはない。自然が無力な理性を支え、そこまではめをはずすのをさまたげてくれるのである。(S164-L131-B434)

本来疑うことのできない第一原理を疑ってみせる人々は、懐疑論者を気取っているにすぎない。本物のピュロン主義者など存在しなかったし、存在しえない。その意味で、彼らは本心を偽っている。

もっとも、パスカルはこれによって、独断論者の立場を擁護しているわけでもない。彼にとって独断論者は、人間の理性によって真理にたどり着くことができると信じる人々である。パスカルは、このような傲慢な考えを明確に否定している。自然的直感の確実さは、人間の取るに足らない理性によってではなく、神から与えられる恩寵によってはじめて保証されるのだから。

パスカルの目的は、第一に、人間には例外なく「自然」によって確実な真理が与えられているという独断論者の主張を借りて、ピュロン主義者の不誠実を暴くこと。第二に、われわれの認識はすべて幻想であり、人間には真理を保持する力はないとするピュロン主義者の主張に基づいて、独断論者の傲慢を挫《くじ》くことである。

パスカルは、このように、「哲学者」というカテゴリーのなかに正反対の主張を行うグループを作り出し、両者の対立と矛盾を、「哲学者」全体の弱点として告発する。そうして「哲学者」をまるごと斥けることで、それと真っ向から対立する原理を体現する「キリスト教」の正しさを結論づけるのである。

われわれは、独断論全体を敵にまわしても決して負けないほど、弱い証明能力をもっている。

われわれは、ピュロン主義全体を敵にまわしても決して負けないほど、強力な真理の観念をもっている。（S25-L406-B395）

次に、哲学者——ピュロン主義者、独断論者——に従って神を求めるようにしむける

こと。すると人は困りはててしまうだろう。(S38-L4-B184)

37 自発的錯誤

以前に、互いに憎み合う人々が、人から称賛を得るために、本心を隠して互いに親切にふるまうことで、集団の秩序が保たれている、というパスカルの指摘について見た（本書「16 自我は憎むべきものである」）。ここでは、共同体の維持に供する人間の逆説的な心理的機制についての、もうひとつの辛辣きわまりない分析を紹介しておこう。

パスカルにとって、人間の自己愛の第一の特性は、欠陥だらけである自己の真実の姿を、自分にも他人にも隠すことであった。その他人が私の欠点を見ぬき、それを指摘してくれる場合、彼は公正であり、その指摘は私の益になるはずだが、私はそのようなふるまいに嫌悪感を抱く。私は彼が正義であるよりは、彼が不正であっても、私を喜ばせてくれることを望むからである。パスカルは、このような私の悪を「自発的錯誤（illusion volontaire）」と呼んでいる。

たしかに、欠陥に満ちていることは悪ではあろう。しかし、欠陥に満ちていて、それを認めようとしないのは、なお大きな悪である。なぜなら、それは、そこに自発的な錯

誤という悪をさらに加えることになるからだ。(S743-L978-B100)

私の「自発的錯誤」への欲求は、すぐに叶えられる。なぜなら、相手もまた私に嫌われるよりは、私に好かれるほうが心地よいからだ。正直に本音を告げて相手を不快にするより、世辞でその場をしのぐほうが心理的な負担も小さい。

以上のことから、人がわれわれから愛されることになんらかの利点があるような場合、その人は、われわれにとって不快だとわかっている世話を焼くのを避けるようになる。人はこちらが思うとおりに遇してくれるものだ。われわれは真理を憎んでいるので、人はわれわれから真理を隠してくれる。われわれがほめてほしいときには、人はほめてくれるものだ。われわれはだまされるのが好きなので、人はだましてくれるのだ。(S743-L978-B100)

また、同じように、私も他者に対して、その真実の姿を暴き立てたりはしない。とりわけ相手が目上の人や権力者である場合には、私は相手の気分を害さないように細心の注意を払う。相手のことを考えれば、ときには言動を矯正してやることも必要なはずなのに、私は相手をもっぱらほめそやし、うまく取り入って、あわよくば身分や富の保証を得ようとする。こうして、高位者であればあるほど、それだけ多くの人々の阿諛《あゆ》追従《ついしょう》を浴び、決しておのれの真実の姿を見つめることはない。

そのようなわけで、幸運によって世間で高い地位に恵まれる者は、その地位が高ければ高いだけ、真理からますます遠ざかることになる。なぜなら人は、相手から好まれることが有利になり、嫌われることが不利になる場合、その相手を傷つけることを恐れるからだ。ある君主がヨーロッパ中の笑いものになっているのに、本人だけが知らないということがあったとしても、私は驚かない。真理を告げると、告げられた相手には益をもたらすが、告げる側は、相手に嫌われてしまうので、損をこうむることになる。そこで、君主のそばで生活する人々は、自分が仕える君主の益よりも自分の益のほうを尊重するので、自分たちが損をしてまで相手に益を与えようなどとは考えないのである。(S743-L978-B100)[1]

したがって、私と他者は相互に錯誤を求め、与え合っている。第一に、私は自分をだましてくれる他者のおかげで、自分の欠陥を直視せず、美化された姿を真実だと思いこむ。第二に、私も同様に、他者の短所には目をつむり、相手に自分が実際以上に優れた存在であると思いこませる。このとき、私も他者も、互いに相手に感謝し、それに報いようとさえするが、実は両者とも、そのようにふるまうのは、相手の益ではなく、自分の益のためにすぎない。

こうして、人間の生涯とは、たえざる幻想にほかならない。人は互いにだましあい、互いにへつらいあっているにすぎないのだ。われわれがいるところで、いないときと同じようにわれわれについて語る者は、誰もいない。人間同士のつながりは、こうした互いの欺瞞の上にしか成り立たない。もし誰もが、自分のいないところで友人が自分について語る内容を知っていたとしたら、たとえその友人がいかに誠実に、公平に語っていたとしても、ほとんどの友情は持続しないだろう。(S743-L978-B100)

人々は互いに相手の偽りの姿を真実と信じこませようと努める。社会生活を成り立たせているのは、このような普遍的な相互欺瞞である(2)。この現象が安定的に機能するかぎりにおいて、社会は平和に維持されるだろう。だが、この共同幻想はきわめてもろいものである。なぜなら、私はAの前ではAをほめるが、A以外の人物の前では、つい油断してAの欠点について語るからだ。それは即座にAに伝わり、相互欺瞞が破綻する。

ところで、その私の本音は、単なる悪口ではなく真実を含んでおり、本来ならAが聞き入れればAの益になるはずのものである。だが、Aは私に感謝するどころか、敵意を向ける。真実はこうして、共同体の秩序にひびを入れる。

つまり、人間は、自分自身に対しても、他人に対しても、偽装、虚偽、偽善にほかならない。だから、人から真実を言われることを望まないのであり、他人に対しても真実を語らない。正義と理性からかくも隔たったこのような傾きはすべて、人間の心に生来根ざしているのである。(S743-L978-B100)

人間の邪悪なありようを描くとき、パスカルの筆はひときわ冴えわたる。「崇高なる人間嫌い」(ヴォルテール)と呼ばれるゆえんである。

注

(1) フェヌロンは『テレマコスの冒険』「巻の十」にて、客人のメントル(知恵の女神アテネの仮の姿)の耳の痛い忠言を聞き入れるサレントゥム国王イドメネウスの徳を、きわめて偉大なものとして描き出している。イドメネウスはサレントゥムを質実剛健な理想国として繁栄させる(『テレマコスの冒険』二宮フサ訳(抄訳)、『ユートピア旅行記叢書』第四巻、岩波書店、一九九八年、一七二—二〇〇頁)。

(2) モンテーニュも、このような人々の相互欺瞞を指摘している。その上で彼は、自分への批判を歓迎すると述べる。次を参照。アントワーヌ・コンパニョン『寝るまえ5分のモンテーニュ——「エセー」入門』山上浩嗣・宮下志朗訳、白水社、二〇一四年、「2 会話」一三—一六頁。

38 賭け

かつて神の存否を、これほど魅力的な言葉で問うた者がいるだろうか。

無限　無。

〔…〕

この点を検証して、こう告げよう。神はあるか、ないかだ、と。さて、われわれはどちらに傾くだろうか。理性はその決定にまったく介入できない。われわれは無限の混沌によって〔真実から〕隔てられている。この無限の距離の果てで賭けが行われ、表か裏のいずれかが出る。君はどちらに賭けるのだ。(S680-L418-B233)

この「賭け」の議論は完成された論述をなしておらず、それゆえに難解であるが、パスカルの主張は次のように要約することが許されると思われる。

神は存在するか否かのいずれかであるが、どちらが真であるかは絶対に不可知である。

これは、コインを投げたときに表が出るか裏が出るかを投げる前から知ることができないのと同じである。

そこで「表」を「神あり」、「裏」を「神なし」と置きかえれば、「信仰」はコイン投げの賭博で「表」に賭けることに喩えられる。表、裏が出る確率はそれぞれ二分の一であるが、前者をもっと低く見積もってn分の一（$1/n$）、後者を一マイナスn分の一（$1-1/n$）としてもよい（nは2より大きい数）。

ゲームへの参加料は、「ひとつの生命」つまり現世における生涯全体である。表が出た場合、勝者には「無限に幸福な無限の生命」が与えられるが、裏が出た場合の勝者への配当はゼロである。ただし、表と裏のいずれにも賭けないという選択は許されない（「だが、賭けなければならない。それは随意のものではない。君はもう船に乗りこんでいるのだから」（S680-L418-B233））。

このとき、裏を選ぶのは愚か者でしかない。配当が与えられる可能性があるのは表に賭けた者だけであり、しかもその配当は数字に置きかえれば「無限大」（∞）なのだから。

以上の説明を表で示すと、次のようになる。

ここで、なぜこの賭けに参加しないという選択はありえないのか、という点については説明が必要である。この問題に関する解釈はいく通りもあるが、ここでは次のように理解しておきたい。

参加料	場　合	勝つ運	勝った場合の儲け	負けた場合の儲け	数学的期待値
ひとつの生命（有限なもの）	神あり（表）	$\frac{1}{2}$ $[\frac{1}{n}]$	∞（「無限に幸福な無限の生命」）	0	∞
	神なし（裏）	$\frac{1}{2}$ $[1-\frac{1}{n}]$	0	0	0

死後の生命が神によって与えられるか否かというこのゲームの結果は、現世での生涯のあり方全体に関わっている。そこで、仮に「神あり」にも「神なし」にも賭けないという事態が存在するとしても、それは結局、「神なし」に賭けているのと同じことになる。両者はいずれも、信仰が課すさまざまな精神的・身体的規律に従わず、生涯をみずからの裁量のもとに送ることにほかならないからだ。現時点で神の存在・非在のいずれかに賭けているという自覚のない者も、これまでの人生の時間をすでに宗教と離反した生活に充ててしまっている。賭博への不参加と「神なし」への賭けとを区別するのは、その主体の意志のあり方だけである。不信仰者は、そうと知らずに「神なし」を選んでいることになる。

さて、以上の条件のもとで、パスカルが勧めるとおり、あなたは素直に「表」に賭けることができるだろうか。

このゲームに参加するためには、「ひとつの生命」すなわちみずからの生涯全体を差し出す必要があるという。これを認めれば当然、圧倒的に「神あり」を選ぶ場合が有利になる。だがゲームの実態を考えると、この条件は受容しがたい。右で述べたことから明らかなように、「表」を期待して送る生涯と、「裏」を期待して送る生涯（より正確には、「表」を期待せずに送る生涯）には、質的な差がある。前者は信仰に身を捧げるおそらくは禁欲的な人生であり、後者は何ものにもとらわれる必要のない、いわば自由な人生である。「表」に賭けることは、自己本意の気ままな生涯に代えて、みずから教義の拘束を受けると決意することにほかならない。これが意味するのは、「参加料」が課せられるのは、「表」を選ぶ場合にかぎられる、ということである。右で、ゲームへの参加拒否は「裏」に賭けることと同じだと述べたが、逆に、「裏」に賭ければ事実上いかなる負担もないのだから、結局ゲームに参加しないのと同じである。

それればかりではない。少なくともパスカルが奉じる教義によれば、「神あり」を選択した者が、みずからの生涯を正しく神にゆだねているつもりでも、そのような生活態度が当の神から見て正しいかどうかはつねに不可知なままでありつづける。実のところ、「神あり」に賭けて、実際に神が存在していたとしても、自分に救済、つまりは「無限に幸福な無限の生命」が与えられるとはかぎらないのだ。「表」を選ぶ者は、死の瞬間に至るまでたえず、神意に適う生き方の模索に心血を注がねばならない。「表」を選ばなければ配当を得る可能性はないが、「表」を選ばないかぎり参加料を失うこともない。しかも、参加料は、かけがえのない自分の一生である。

このように考えると、このゲームはもはやコイン投げとは同一視できない。それはむしろ、ひどく選抜が厳しい試験に似ている。合格すれば輝かしい未来が保証されるが、そのためには、一生涯全体にわたる多大な犠牲と努力が必要となる。もちろん、それでも不合格に終わる可能性もある。はじめからそんな試験に挑まないという選択もあるのと同様に、ゲームに参加しない、すなわち「神なし」に賭けることも、愚かな選択として切り捨てるわけにはいかない。

パスカルの勧める「賭け」は、はたしてこのような不屈の努力を要するわざであり、凡人には縁のない試練なのだろうか。だが、議論にはまだ続きがある。

39 地獄

前章で見たとおり、パスカルの提案するゲームでは、「表」（神あり）に賭けても、「裏」（神なし）に賭けても、負けた場合の儲けはゼロである。つまり、負けても何ももらえないかわりに、何も取られない、ということだ。だが、これはどこかおかしい。表に賭けて裏が出た場合（「神あり」に賭けて神がいなかった場合）に得も損もないのはわかるが、裏に賭けて表が出た場合（「神なし」に賭けて神がいた場合）には、神罰、すなわち地獄落ちが待っているのではないのか。

『パンセ』には地獄がしばしば出てくるのだから、パスカルが地獄を意識していなかったはずはない。

われわれと、地獄あるいは天国の間には、その二つの間の生涯があるだけである。この世に、これほどもろいものはない。（S185-L152-B213）

異論。自分の救いを望む人々は、その点において幸いであるが、かわりに、地獄への恐れを抱いている。──回答。地獄があるかどうかを知らないが、もしあれば確実に地獄に落ちる者と、地獄があることを確信していて、それでも地獄から逃れられるだろうという希望をもつ者とでは、どちらのほうがより地獄を恐れる理由があるだろうか。(S621-L748-B239)

「賭け」から地獄を排除したのには、何らかの理由があるはずだ。ロラン・ティルアンは、この問題について、次の断章に手がかりを見いだしている(1)。

恐れ(Crainte)。神を信じることによる恐れではなく、神がいるかどうかを疑うことによる恐れ。よい恐れは信から生じ、偽の恐れは疑いから生じる。よい恐れは希望に結びつく。それは信から生じ、信じる神に希望を置いているからだ。悪い恐れは、絶望に結びつく。信じていない神を恐れるからだ。ある者は神を失うことを恐れ、ある者は神を見いだすことを恐れる。(S451-L908-B262)

「希望に結びつく恐れ」と、「絶望に結びつく恐れ」があるという。前者が「よい恐れ」、後者が「悪い恐れ」である。パスカルが賭けの議論で、地獄落ちの可能性に言及しないのは、読者に地獄に対する恐れを植えつけるのを避けたからではないか。「神なし」を選ぶということは、地獄落ちの可能性を覚悟することだが、反対に、神の存在を確信しないまま、ただ

リーパ『イコノロギア』「絶望」の図

地獄落ちを逃れるためだけに「神あり」を選んだとしても、それは「悪い恐れ」による信仰でしかない。そのような態度は、実際は「神を見いだすことを恐れる」のに等しく、結局は「裏」に賭けているのと同じである。
　右の一節には、「悪い恐れは、絶望に結びつく」とあるが、パスカルの時代、「絶望（désespoir）」はそれ自体が罪であった。一七世紀のフランス語辞書の「絶望」の項の一部には、こんな記述がある。

　人間がおのれの救い、神の慈悲について絶望するという罪のこと。〔用例〕「絶望は、精霊に対する罪である[2]」。

　また、「絶望」は伝統的に自殺者の図像によって象徴的に表されてきた。近代においてもっとも広く用いられた図像学の教科書であるチェーザレ・リーパ『イコノロギア』（一五九三年）には、こんな記述が見える。

ミケランジェロ《最後の審判》（部分）「地獄に落とされた人々」（1541年、ヴァチカン、システィーナ礼拝堂）

絶望。

この女性は、あらゆる不幸のなかで最終段階にあり最悪のものである絶望を表している。胸には短剣が刺さっているが、これは彼女自身がつばまでぐさりと刺しこんだものだ。右手《ママ》には糸杉の枝をもち、足もとにある折れたコンパスを見つめている。糸杉は、この木がひとたび切られたら二度と新芽が生えないのと同じように、絶望者のうらには善行の種がすっかり消滅してしまっていることを表している。また、折れたコンパスは、それが象徴する理性が絶望者を完全に見棄て、激しい情念にとらわれた状態で放置しているさまを物語っている[3]。

ティルアンが指摘するように、一七世紀において、「絶望」という語には「自殺」という含意があった（« suicide »という語の登場は一八世紀である）。「神あり」への賭けを拒むことは、希望を拒むこと、あらゆる希望を放棄することであり、実存上の自殺に相当するのである。

こうして、パスカルが勧めるのは、あくまでも、救済への希望、来世への希望を目的とした賭けである。本書の最後に、それを見よう。

注

（1）次を参照。Laurent Thirouin, « Le pari au départ de l'apologie », in *id.*, *Pascal ou le défaut de la méthode: lecture des* Pensées *selon leur ordre*, Paris: Honoré Champion（« Lumière Classique »), 2015, pp. 177-191.

（2）*Dictionnaire de l'Académie française*, 1694, art. « Desespoir ».

（3）ここでは次のフランス語版を参照した。Cesare Ripa, *Iconologie où les principales choses qui peuvent tomber dans la pensée touchant les vices et les vertus sont représentées*, 2 vol., Paris, 1643, Seconde partie, p. 152（図も同頁）。

40　来世を望むこと

　パスカルの目的は、自身が提案する一世一代のゲームに参加すること、すなわち「表」＝「神あり」に賭けて生涯を送ることこそが正しい選択であると示すことであった。だが、先に見たように、冷静に考えれば、その選択は常人にとってはあまりにも大きな試練のように思われる。その厳しい試練を克服することによって与えられる（かもしれない）恩恵の大きさを強調するだけでは、パスカルの目的は果たせない。崖から飛び降りたら一億円やると言われても、本当に飛び降りる者はいないのである。「神あり」への賭けへと誘うためには、結局のところ、「神あり」を前提として送る敬虔な生涯そのものが、「裏」＝「神なし」に賭けて過ごす自由で放埒《ほうらつ》な生涯と比べて、より幸福であることを論証するしかない。

　実は、「賭け」の断章の末尾には、パスカルがそのような課題を意識していたことを示唆する一節がある。

　　言っておくが、君はこの世にいる間にその賭けに勝つだろう（vous y gagnerez en cette vie）。そして、君がこの道で一歩を踏み出すごとに、勝利が確実であることと、賭けたものが無に等しいこととをはっきりと悟るあまり、ついには、君は確実かつ無限なものに賭けたのであって、しかもそのために何も手放さなかったのだということを知るだろう。(S680-L418-B233)

「神あり」に賭ける者は、「この世にいる間に」、つまりゲームの結果を知る前から、すでに勝ちを約束されている、と読める。これは、「神あり」を選べば、ゲームが進行する過程で、未来において自分が望むとおりの結果が訪れるという確信を徐々に強めていくことになる、ということを意味する。つまり、この一節が意図していることはまさに、「神あり」に賭ける生が「神なし」に賭ける生よりも幸福である、ということの表明にほかならない。このことをより明確に理解するために、「賭け」の断章とは別の章に位置する次の文章を見てみよう。

次のことを理解するのに、それほど崇高な魂は必要としまい。すなわち、この世に真実で確実な満足などなく、われわれの楽しみはすべてうつろなものであり、われわれの不幸は無限であるということ。そして、一瞬ごとにわれわれに迫ってくる死が、まちがいなくほんのわずかな年月ののちに、われわれを永遠の無か永遠の不幸という冷厳なる必然へと陥れるということである。

〔…〕この世でもっとも立派な生涯ですら、この結末を逃れられない。これについてよく考えた上で、次のことにはたして疑う余地があるかどうかを答えてほしい。すなわち、この世においては来世を望むこと（l'espérance d'une autre vie）以外に幸福はなく、人はそれに近づくにしたがってのみ幸福であること、そして、永遠について完全な確信をもっている者にとってはもはや何の不幸も存在しないのと同様に、それについていかなる光ももたぬ者にとっては幸福などまったく存在しないということだ。（S681-L427-B194）

この世の享楽はすべて、それ自体ささいなものであると同時に、いまこの瞬間にも訪れる可能性のある死によって消え去ってしまう、はかないものにすぎない。にもかかわらず、人間はそのような空しい楽しみに興じて日々を送っている。人間は自己の置かれた本来的に悲惨な状況を幸福ととりちがえている。人間は取るに足らない喜びによって満足し、自分にとって真の幸福とは何かという問題について探求を怠《おこた》る、二重に愚かな存在である。――先に見たとおり、これが「気晴らし」を批判するパスカルの主張である。

ここでは、そこから一歩進んで、かりそめではない真の幸福とは何かが明確に告げられる。それは、「来世を望むこと」である。「来世」そのものではない。「この世」にあって来世の存否は、どのような手段によっても不可知である。パスカルはその上で、それに「近づく」ことが幸福だと言うのである。しかも、次に見られるように、この状態は、来世の存在についての「疑い」を排除するものではない。

この疑いのなかにあることは、たしかに大きな不幸である。しかし、この疑いのなかにあるとき、最低限不可欠の義務は、探求するということである。だから、疑いながらも探求しない者は、ひどく不幸であると同時に、ひどく不正である。(S681-L427-B194)

疑いの状態にありながらも来世の存在の可能性を探求すること、その可能性に賭けて、それが真実であった場合に備えて日々を送ること。これこそまさに、パスカルが提示するゲームに参加し、「神あり」に賭けるということではないか。「38　賭け」の章で見たように、このゲームでは、コインが投げられて、それが落ちてくるまでの間、指をくわえて見ていることは許されない。コインが「表」を示すことを祈り、そうであったときに永遠かつ至福の生を与えられるに値するような努力を生涯怠らないこと。これが「神あり」に賭けるという実践の内実である。パスカルは、そのような生を、すでに幸福だと考えている。

次は、「賭け」の断章の末尾近くにある一節である。

ところで、こちらの選択を行うことで、君にどんな不利益が生じるというのだ。君は忠実で、正直で、つつましくて、感謝を忘れず、親切で、友として誠実で、真摯な人間になるだろう。実のところ、君はもはや、有害な快楽や、栄誉や、逸楽からは遠く離れることになるだろう。だが、ほかのものを得ないというわけではないのだよ。(S680-

L418-B233）

何気ない調子で語られているが、この一節はきわめて重要である。パスカルは、「賭け」という実践によって、その結果を知る前にすでに、正直、公正、忠実という成果が得られると考えている。これらは、他者への愛と献身を示す資質にほかならない。彼にとって、そのような資質をもつことが、そのまま現世における幸福を意味するのである。「賭け」とは、神への帰依であると同時に、倨傲《きょごう》ではなく謙遜を、強欲ではなく無欲を、自己愛ではなく慈愛を、より幸福な状態だとみなすようになる変化のことである。

パスカル入門のための参考文献

＊ごく基本的なもののみにとどめる。原則として、項目ごとに、パスカルの著作は刊行時期の新しい順に、それ以外は著者名（あるいは著作名）のアルファベット順に並べた。

Ⅰ　翻訳書および日本語の文献

1　パスカルの著作

①『パンセ』

『パンセ』（全三冊）、塩川徹也訳、岩波書店（岩波文庫）、二〇一五―一六年。［『第一写本』を底本とする最新訳。豊富な訳注と重要な解説］

『パンセ』（全二冊）、田辺保訳、教文館出版部（『パスカル著作集』第六―七巻）、一九八一―八二年。同（全一冊）、教文館（キリスト教古典叢書）、二〇一三年。［初版一九六六年。ラフュマ版を底本とする］

『パンセ』前田陽一・由木康訳、中央公論社（中公文庫）、一九七三年。［ブランシュヴィック版を底本とする］
『パンセ』（全二冊）、前田陽一・由木康訳、中央公論新社（中公クラシックス）、二〇〇一年。［右の中公文庫版『パンセ』に、『幾何学的精神について』、『ド・サシ氏との対話』などの小品集を付す］
『パンセ』（全三冊）、津田穣訳、新潮社（新潮文庫）、一九五二年。
『パンセ』由木康訳、白水社（イデー選書）、一九九〇年。［初版一九四八年。ブランシュヴィック版を底本とする］
『パンセ抄』鹿島茂編訳、飛鳥新社、二〇一二年。［親しみやすい抄訳］

②パスカル全集・著作集
『メナール版 パスカル全集』第一―二巻、赤木昭三・支倉崇晴・広田昌義・塩川徹也編、白水社、一九九三―九四年。［左記 Jean Mesnard 校訂による全集の日本語訳。綿密な解説と注。ただし、物理学・数学論文集、『パンセ』、『プロヴァンシアル』の巻は未刊］
『パスカル著作集』（全七巻＋別巻二）、田辺保訳、教文館、一九八〇―八四年。［パスカルの主要著作全体の個人訳］
『パスカル全集』（全三巻）、伊吹武彦・渡辺一夫・前田陽一監修、人文書院、一九五九年。第三版、一九七六年。［初の本格的パスカル翻訳著作集。松浪信三郎訳『パンセ』、中村雄二郎

訳『プロヴァンシアル』所収〕

③その他

『パスカル 数学論文集』原亨吉訳、筑摩書房（ちくま学芸文庫）、二〇一四年。〔『円錐曲線試論』、『数三角形論』、『A・デトンヴィルの手紙』ほか〕

『イエス・キリストの生涯の要約』森川甫訳、新教出版社、二〇一三年。〔パスカルの小品 *Abrégé de la vie de Jésus-Christ* の訳と解説〕

『科学論文集』松浪信三郎訳、岩波書店（岩波文庫）、一九五三年。〔『真空に関する新実験』、『流体の平衡について』、『大気の重さについて』ほか〕

2 入門書

アルベール・ベガン『パスカル』平岡昇・安井源治訳、白水社（白水叢書）、一九七七年。〔パスカルの人間的な側面を強調するとともに、「歴史なきパスカル」という斬新な解釈を提示する〕

ジャン・ブラン『パスカルの哲学』竹田篤司訳、白水社（文庫クセジュ）、一九九四年。〔パスカルの思想を、主としてデカルト思想との対比を通じて哲学史のなかに位置づける〕

ルイ・コニェ『ジャンセニスム』朝倉剛・倉田清訳、白水社（文庫クセジュ）、一九六六年。〔複雑多岐なジャンセニスムの歴史を手際よく整理〕

小柳公代『パスカルの隠し絵――実験記述にひそむ謎』中央公論新社（中公新書）、一九九九年。［パスカルの物理学論文の精緻な読解により、「実験科学者パスカル」という通説を覆す刺激的な考察］

ジャン・メナール『パスカル』安井源治訳、みすず書房、一九七一年。［パスカルの思想の進展をその生涯とともにたどる。簡にして要を得た入門書］

三木清『パスカルにおける人間の研究』岩波書店（岩波文庫）、一九八〇年。［初版一九二六年。日本におけるパスカル研究の嚆矢］

野田又夫『パスカル』岩波書店（岩波新書）、一九五三年。［生涯と主要著作の紹介。古い本だが今なお有益］

塩川徹也『パスカル『パンセ』を読む』岩波書店（岩波セミナーブックス）、二〇〇一年。岩波書店（岩波人文書セレクション）、二〇一四年。［必読書。主要主題に関する断章の緻密な読解］

田辺保『パスカル伝』講談社（講談社学術文庫）、一九九九年。［詳しく読みやすいパスカル評伝］

――『パスカル――痛みとともに生きる』平凡社（平凡社新書）、二〇〇二年。［パスカルの生涯、『パンセ』の世界像、『パンセ』の現代性について、平明な言葉で語りかけるような文章］

3　研究書

キース・デブリン『世界を変えた手紙――パスカル、フェルマーと〈確率〉の誕生』原啓介訳、岩波書店、二〇一〇年。

リュシアン・ゴルドマン『隠れたる神』（全二冊）、山形頼洋・名田丈夫訳、社会思想社（社会思想叢書）、一九七二―七三年。

小柳公代『パスカル――直観から断定まで：物理論文完成への道程』名古屋大学出版会、一九九二年。

前田陽一『パスカル『パンセ』注解』（全三冊）、岩波書店、一九八〇―八八年。

――『モンテーニュとパスカルとのキリスト教弁証論』創元社、一九四九年。東京創元社、一九八九年。

ジャン・ミール『パスカルと神学――アウグスティヌス主義の流れのなかで』道躰滋穂子訳、晃洋書房、一九九九年。

森有正『森有正全集』第一〇巻「パスカルの方法」筑摩書房、一九七九年。

――『森有正全集』第一一巻「パスカルにおける「愛」の構造」筑摩書房、一九七九年。

森川甫『パスカル『プロヴァンシアルの手紙』――ポール・ロワイヤル修道院とイエズス会』関西学院大学出版会（関西学院大学研究叢書）、二〇〇〇年。

エドゥアール・モロ＝シール『パスカルの形而上学』広田昌義訳、人文書院、一九八一年。

永瀬春男『秩序と侵犯――パスカルにおける計算機体験の意味』岡山大学文学部（岡山大学文学部研究叢書）、二〇〇二年。

中村雄二郎『中村雄二郎著作集』第二期第九巻「新編パスカルとその時代」岩波書店、二〇〇〇年。

塩川徹也『パスカル――奇蹟と表徴』岩波書店、一九八五年。

――『虹と秘蹟――パスカル「見えないもの」の認識』岩波書店（Image Collection 精神史発掘）、一九九三年。

――『パスカル考』岩波書店、二〇〇三年。

――『発見術としての学問――モンテーニュ、デカルト、パスカル』岩波書店、二〇一〇年。

山上浩嗣『パスカルと身体の生』大阪大学出版会、二〇一四年。

II　フランス語の文献

1　パスカルの著作

①『パンセ』

【手稿原稿・写本】

Orignal des Pensées, manuscrit fonds français 9202 de la Bibliothèque Nationale de

France（BNF）.［『パンセ』手稿原稿。gallica.bnf.fr/ark:/12148/btv1b52504189f にて閲覧可］

Original des Pensées de Pascal: fac-similé du manuscrit 9202（Fonds français）de la Bibliothèque nationale, texte imprimé en regard et notes par Léon Brunschvicg, Paris: Hachette, 1905; rééd. Kyoto: Rinsen Book, 1986.［『パンセ』手稿原稿写真版］

La Première Copie des Pensées, manuscrit fonds français 9203 de la BNF.［『パンセ』「第一写本」。gallica.bnf.fr/ark:/12148/btv1b7200029v にて閲覧可］

La Seconde Copie des Pensées, manuscrit fonds français 12499 de la BNF.［『パンセ』「第二写本」。gallica.bnf.fr/ark:/12148/btv1b6000694t にて閲覧可］

【校訂版】

Pensées, opuscules et lettres, *Pensées* éditées par Philippe Sellier selon la copie de référence de Gilberte Pascal, *Opuscules et lettres* édités par Laurence Plazenet et Philippe Sellier, Paris: Classiques Garnier, 2011.［「第二写本」を底本とするセリエ版の最新版］

Les Provinciales, Pensées et opuscules divers, textes édités par Gérard Ferreyrolles et Philippe Sellier, Paris: Librairie Générale Française（« La Pochothèque »）2004.［『パンセ』、『プロヴァンシアル』ほか主要著作を収める。本書引用の底本］

Pensées, édition présentée, établie et annotée par Michel Le Guern, Paris: Gallimard (« Folio Classique »), 1977; 2004. ［「第１写本」を底本とするルゲルン版の改訂版］

【ポール＝ロワイヤル版】

Pensées sur la religion et sur quelques autres sujets, étude et édition comparative de l'édition originale avec les copies et les versions modernes par Jean-Robert Armogathe et Daniel Blot, Paris: Honoré Champion (« Sources Classiques »), 2011. ［ポール＝ロワイヤル版『パンセ』校訂版］

Pensées de M. Pascal sur la religion et sur quelques autres sujets: l'édition de Port-Royal (*1670*) *et ses compléments* (*1678-1776*), présentées par Georges Couton et Jean Jehasse, Saint-Etienne: Editions de l'Université de Saint-Etienne, 1971. ［ポール＝ロワイヤル版『パンセ』復刻版］

【電子版】

L'Edition électronique des Pensées de Blaise Pascal, créé en 2011 par Dominique Descotes et Gilles Proust (http://www.penseesdepascal.fr/index.php). ［電子版『パンセ』。各断章に関する研究資料の包括的提示］

②パスカル全集・著作集

Œuvres complètes, 2 vol., édition présentée, établie et annotée par Michel Le Guern, Paris: Gallimard,（« Bibliothèque de la Pléiade »）, 1998-2000. ［ル・ゲルンによる二巻本のプレイアッド版全集］

Œuvres complètes, 4 vol., texte établi, présenté et annoté par Jean Mesnard, Paris: Desclée de Brouwer, 1964-92. ［決定版パスカル全集だが、『パンセ』、『プロヴァンシアル』の巻が未刊］

Œuvres complètes, présentation et notes de Louis Lafuma, Paris: Seuil（« L'intégrale »）, 1963. ［ラフュマによる一冊本の全集］

③その他

Entretien avec M. de Sacy sur Epictète et Montaigne, texte établi, présenté et annoté par Pascale Mengotti-Thouvenin et Jean Mesnard, Paris: Desclée de Brouwer（« Les Carnets DDB »）, 1994. ［『サシ氏との対話』の新資料に基づいた新版］

2　入門書

Jacques Attali, *Blaise Pascal ou le génie français*, Paris: Fayard, 2000; Paris: Le livre de Poche, 2002. ［パスカルの一般読者向け評伝。平明な文章でおもしろく読める］

Alain Cantillon et Eric Tourrette, *Pascal, Pensées*, Neuilly: Atlande (« Clefs concours, Lettres XVIIe siècle »), 2015. [『パンセ』の成り立ち、主要テーマ、文体・語彙についてまとめた、コンパクトだが高度な内容を含む最新の入門書]

Dominique Descotes, *Pascal: biographie, étude de l'œuvre*, Paris: Albin Michel (« Classiques »), 1994. [パスカルの思想や業績に関する多数の項目について、それぞれ簡潔に解説。物理・数学的業績についても平易な説明あり]

Jean Mesnard, *Les* Pensées *de Pascal*, 2e édition, revue, mise à jour et augmentée, Paris: Société d'Edition d'Enseignement Supérieur, 1993. [『パンセ』入門の決定版。作品の背景、構造、意味を詳しく解説]

Laurent Susini, Pensées *de Blaise Pascal*, Paris: Folio (« Foliothèque »), 2007. [『パンセ』という書物の成り立ちと、パスカルの論述の特徴に的を絞った解説。近年の主要研究書の紹介など、資料篇も有益]

3　研究書

Hélène Bah Ostrowiecki, *Pascal et l'expérience du corps*, Paris: Classiques Garnier (« Lire le XVIIe siècle »), 2016.

Alain Cantillon, *Le Pari-de-Pascal: étude littéraire d'une série d'énonciations*, Paris: Vrin (« Contextes »), 2014.

Vincent Carraud, *Pascal et la philosophie*, Paris: Presses Universitaires de France (« Epiméthée »), 1992.

Monique Cottret, *Histoire du jansénisme: XVIIe-XIXe siècle*, Paris: Perrin (« Pour l'Histoire »), 2016.

Dominique Descotes, *L'Argumentation chez Pascal*, Paris: Presses Universitaires de France (« Ecrivains »), 1993.

—— *Blaise Pascal: littérature et géométrie*, Clermont-Ferrand: Presses Universitaires Blaise-Pascal, 2001.

Gérard Ferreyrolles, *Pascal et la raison du politique*, Paris: Presses Universitaires de France (« Epiméthée »), 1984.

—— *Les Reines du monde: l'imagination et la coutume chez Pascal*, Paris: Honoré Champion (« Lumière Classique »), 1995.

Henri Gouhier, *Blaise Pascal: commentaires*, Paris: Vrin (« Bibliothèque d'Histoire de la Philosophie »), 1966; 3e édition, 1984.

—— *Blaise Pascal: conversion et apologétique*, Paris: Vrin (« Bibliothèque d'Histoire de la Philosophie »), 1986.

Jean Mesnard, *La Culture du XVIIe siècle: enquêtes et synthèses*, Paris: Presses Universitaires de France, 1992.

Hélène Michon, *L'Ordre du cœur: philosophie, théologie et mystique dans les* Pensées *de Pascal*, Paris: Honoré Champion (« Lumière Classique »), 1996; Paris: Honoré Champion (« Champion Classiques Essais »), 2007.

Marie Pérouse, *L'Invention des* Pensées *de Pascal: les éditions de Port-Royal (1670-1678)*, Paris: Honoré Champion (« Lumière Classique »), 2009.

Philippe Sellier, *Pascal et saint Augustin*, Paris: Armand Colin, 1970; Paris: Albin Michel (« L'Evolution de l'Humanité »), 1995.

—— *Port-Royal et la littérature I: Pascal*, Paris: Honoré Champion (« Lumière Classique »), 1999; 2e édition, augmentée de douze études, Paris: Honoré Champion (« Champion Classiques Essais »), 2010.

Tetsuya Shiokawa, *Entre foi et raison: l'autorité. Etudes pascaliennes*, Paris: Honoré Champion (« Lumière Classique »), 2012.

Laurent Susini, *L'Ecriture de Pascal: la lumière et le feu. La « vraie éloquence » à l'œuvre dans les* Pensées, Paris: Honoré Champion (« Lumière Classique »), 2008.

Laurent Thirouin, *Le Hasard et les règles: le modèle du jeu dans la pensée de Pascal*, Paris: Vrin (« Bibliothèque d'Histoire de la Philosophie »), 1991.

—— *Pascal ou le défaut de la méthode: lecture des* Pensées *selon leur ordre*, Paris: Honoré Champion (« Lumière Classique »), 2015.

Hirotsugu Yamajo, *Pascal et la vie terrestre: épistémologie, ontologie et axiologie du « corps » dans son apologétique*, *Memoirs of the Graduate School of Letters, Osaka University*, vol. LII-II, mars 2012.

【論文集】

L'Accès aux Pensées *de Pascal: colloque scientifique et pédagogique tenu à Clermont-Ferrand*, actes réunis et présentés par Thérèse Goyet, Paris: Klincksieck, 1993.

Les Méthodes chez Pascal, actes du colloque tenu à Clermont-Ferrand 10-13 juin 1976, Paris: Presses Universitaires de France, 1979.

Pascal, revue *XVIIᵉ siècle*, n° 177, oct.-déc. 1992.

Pascal, revue *XVIIᵉ siècle*, n° 261, oct. 2013.

Pascal, Equinoxe: revue internationale d'études françaises, n° 6, Kyoto-Genève: Rinsen Book-Slatkine, été 1990.

Pascal, auteur spirituel, textes réunis par Dominique Descotes, Paris: Honoré Champion (« Colloques, Congrès et Conférences sur le Classicisme »), 2006.

Pascal, Pensées, revue *Littératures classiques*, n° 20, supplément 1994.

Pascal philosophe, *Revue internationale de philosophie*, n° 199, mars 1997.

Le Rayonnement de Port-Royal: mélanges en l'honneur de Philippe Sellier, textes réunis par Dominique Descotes, Antony Mckenna et Laurent Thirouin, Paris: Honoré Champion (« Colloques, Congrès et Conférences sur le Classicisme »), 2001.

Relire l'apologie pascalienne, revue *Chroniques de Port-Royal*, n°63, 2013.

【パスカル研究専門誌】

Courrier du Centre international Blaise Pascal, revue annuelle publiée depuis 1979, Clermont-Ferrand: Centre international Blaise Pascal. [第一五号以降のバックナンバーは、次のサイトにて閲覧可。http://ccibp.revues.org]

あとがき

パスカルは、しびれるほどかっこいい男だ。

幼時から数学の才能を発揮し、射影幾何学、確率論の分野で先駆的な発見をする。物理学の分野では、当時学界の話題の中心であった真空を題材に、科学のパラダイムを転換するほどの論文を書く。空気の重さを実証し、水圧器の原理を見いだす。当時の宗教界を揺るがす論争で、天下のイエズス会に歯向かい、民衆を味方につけるような痛快な文書を発表する。その文書は、後代の論敵ヴォルテールをして、「そこにはありとあらゆる雄弁が含まれている」と脱帽させる。歯痛の苦しみを紛らせようと取りかかってみた数学の超難問をいともたやすく解決する。立ち上がれないほどの重い病気を患いながら、弱者の便宜のために、乗合馬車事業の創始のために私財をすべて投じる。みずからの言葉のとおり、誰からも愛されようとせず、肉親からの思いやりさえ拒みながら、しかし他人の幸福のためには人一倍尽くそうと努める。知性によって人類に多大な貢献を果たしながら、世間の称賛を浴びたいという、彼が棄てられなかった唯一の人間らしい欲望にも終生必死で抵抗し、三九歳の若さで世を去る。そして、晩年に心血を注いだ遺作は完成にはほど遠い状態であったが、その準備稿の集成が、三五〇年もあとの現代でも世界中で読まれつづけている。

こんな超人は、人類の歴史においてもそうは見当たらないだろう。

この男はしかし、とりつくしまもない堅物だったわけではない。『パンセ』には、あえて逆説を弄することで通念を揺るがし、それでも反論できるならしてみろと、読者を挑発しているように感じられる主張がいくつも見つかる。

人に愛されようとするのは罪である。
人間の尊厳はおのれの死を見つめることにある。
国家の法や制度にはいかなる正当性もないが、これには服従しなければならない。
無知は知恵である。
人への親切はときに、親切な自分を見せびらかしたいという醜い自我の表れである。
規則のない秩序こそが真の秩序である。
この世の唯一の幸いは、来世への希望である。

……パスカルは、これらの一見すると荒唐無稽な、誰もが反発を覚える数々の命題を、手を替え品を替えくり返し提示し、読者を説得しようと意を尽くす。読者はその簡潔で印象的な文章に耳を傾けるようになり、やがては脱帽し、魅了されてしまう。『パンセ』は厳格な信仰を説く近寄りがたいだけの書物ではない。ときにユーモアや茶目っ気の感じられる語りによって、読者を喜ばせつつ、思考の限界へと誘う書物なのである。

数年前、私の授業に対する学生のコメントに、こんな一文があった。

パスカルのような何百年も前の人の思想を研究することに、いったいどのような意味があるのでしょうか。

相手は人一倍熱心な学生であり、揶揄や非難の意図はない。まじめに尋ねているのである。思えば、私自身も昔はそんな疑問を抱いたことを思い出した。私は次の授業まで待てず、直ちにおよそ次のようにメールで答えた。

文学研究の第一の意味は、昔の人の考えたことを正確に理解し、次世代に伝えることだと思っています。誰かが研究してその思想の意義や魅力を伝えなければ、歴史の闇に埋もれてしまう声がたくさんあります。そうしてやっと伝えられた言葉に出会って心を動かされたり、救われたりする人が、この先きっと現れます。

実を言えば、私もパスカルの思想そのものに、全面的に共感するわけではありません。でも、彼がそう考えざるをえなかった切迫した状況は理解できるし、まさにそこに興味をもちます。また、ひとりの思想家を研究することは、単にその人の文章を愛好することではなく、同時代の文化、政治、社会のあり方を知るための有効な手段でもあります。

それに、研究は孤独な作業ではありません。いろんな研究者の考え方に触れることで、作品の異なった解釈に導かれたり、その新たな魅力に気づいたりします。文章をしっかり読んで理解しようとすることは、単純なようでいてとてもスリリングな営みなのです。

世の中には、ただ単に読んでいておもしろいと感じる作品もありますが、研究という厳格な方法的操作を長年経てはじめておもしろさがわかる作品もあります。『パンセ』などの古典は後者に属するのではないでしょうか。

本書を読んで『パンセ』に関心をもたれたなら、ぜひ仲間に加わってほしい。なお、拙著『パスカルと身体の生』（大阪大学出版会、二〇一四年）は、パスカルの思想における「身体」の逆説的な役割について考察したものである。本書の内容と重複する部分も含んでいる。あわせてお読みいただければ幸いである。

本書の企画について相談したところ、ただちに賛同され、本書刊行に至るまでつねに拙稿改善のための貴重な助力を惜しまれなかった、講談社編集部の互盛央さんに厚く御礼申し上げます。

また、パスカル研究会の諸兄諸姉、とりわけ旧師の支倉崇晴先生（東京大学名誉教授）の変わらぬご厚情に、そして、本書の未定稿の一部を読んで貴重なご助言をくださった永瀬春男先生（岡山大学名誉教授）に、心より感謝申し上げます。

最後に、大阪大学文学部ならびに同大学院文学研究科の授業で、いつも真剣に私とともに『パンセ』原文の講読作業に取り組んでくれている学生のみなさん、どうもありがとう。

二〇一六年七月

山上浩嗣

＊付記：本書は、ＪＳＰＳ科研費 ＪＰ２６３７０３５６による研究成果の一部である。

引用断章リスト

＊数字は章の番号（Cはコラム）。注で言及される場合は（　）で示す。

S13-L394-B288	30
S15-L396-B471	24
S25-L406-B395	36
S31-L412-B414	1
S32-L413-B162	14, C5
S33-L414-B171	27
S38-L4-B184	36
S45-L11-B246	6
S46-L12-B187	18
S47-L13-B133	14
S55-L21-B381	11
S56-L22-B367	9
S57-L23-B67	21
S60-L26-B330	22
S71-L37-B158	(25)
S72-L38-B71	11
S74-L40-B134	C2
S75-L41-B69	11
S78-L44-B82	4, 9, 14
S81-L48-B366	9
S88-L55-B111	C2
S92-L58-B332	8
S94-L60-B294	22
S99-L65-B115	23
S106-L72-B66	(26)
S112-L77-B152	15, 32
S115-L80-B317	3
S116-L81-B299	8
S117-L83-B327	32
S118-L84-B79	21
S119-L85-B878	8
S123-L89-B315	33
S124-L90-B337	22, 32
S125-L91-B336	22
S128-L94-B313	3, 22
S129-L95-B316	22
S130-L96-B329	C2
S132-L98-B80	1
S132-L99-B536	35
S137-L105-B342	5
S139-L107-B343	5
S142-L110-B282	10, 13
S145-L113-B348	26
S146-L114-B397	26
S164-L131-B434	5, 9, 36
S168-L136-B139	27
S169-L137-B142	C2
S182-L149-B430	30
S185-L152-B213	39
S190-L158-B236	20
S195-L163-B200	28
S197-L165-B210	28
S198-L166-B183	28
S222-L190-B543	10

KODANSHA

＊本書は、講談社学術文庫のための書き下ろしです。

山上浩嗣（やまじょう　ひろつぐ）

1966年生まれ。京都大学文学部卒業。東京大学大学院総合文化研究科博士課程単位取得退学。パリ・ソルボンヌ大学にて文学博士号。現在，大阪大学大学院文学研究科教授。専門はフランス文学・思想。著書に，『パスカルと身体の生』，訳書に，A・コンパニョン『寝るまえ5分のモンテーニュ――「エセー」入門』（共訳），ラ・ボエシ『自発的隷従論』。

講談社学術文庫

定価はカバーに表示してあります。

パスカル『パンセ』を楽《たの》しむ
名句《めいく》案内《あんない》40章《しょう》

山上浩嗣《やまじょうひろつぐ》

2016年11月10日　第1刷発行
2025年4月10日　第5刷発行

発行者　篠木和久
発行所　株式会社講談社
東京都文京区音羽 2-12-21 〒112-8001
電話　編集（03）5395-3512
販売（03）5395-5817
業務（03）5395-3615
装　幀　蟹江征治
印　刷　株式会社ＫＰＳプロダクツ
製　本　株式会社国宝社
本文データ制作　講談社デジタル製作

ISBN978-4-06-292394-1

「講談社学術文庫」の刊行に当たって

これは、学術をポケットに入れることをモットーとして生まれた文庫である。学術は少年の心を養い、成年の心を満たす。その学術がポケットにはいる形で、万人のものになることは、生涯教育をうたう現代の理想である。

こうした考え方は、学術を巨大な城のように見る世間の常識に反するかもしれない。また、一部の人たちからは、学術の権威をおとすものと非難されるかもしれない。しかし、それはいずれも学術の新しい在り方を解しないものといわざるをえない。

学術は、まず魔術への挑戦から始まった。やがて、いわゆる常識をつぎつぎに改めていった。学術の権威は、幾百年、幾千年にわたる、苦しい戦いの成果である。こうしてきずきあげられた城が、一見して近づきがたいものにうつるのは、そのためである。しかし、学術の権威を、その形の上だけで判断してはならない。その生成のあとをかえりみれば、その根は常に人々の生活の中にあった。学術が大きな力たりうるのはそのためであって、生活をはなれた学術は、どこにもない。

開かれた社会といわれる現代にとって、これはまったく自明である。生活と学術との間に、もし距離があるとすれば、何をおいてもこれを埋めねばならない。もしこの距離が形の上の迷信からきているとすれば、その迷信をうち破らねばならぬ。

学術文庫は、内外の迷信を打破し、学術のために新しい天地をひらく意図をもって生まれた。文庫という小さい形と、学術という壮大な城とが、完全に両立するためには、なおいくらかの時を必要とするであろう。しかし、学術をポケットにした社会が、人間の生活にとってより豊かな社会であることは、たしかである。そうした社会の実現のために、文庫の世界に新しいジャンルを加えることができれば幸いである。

一九七六年六月

野間省一